Blickpunkt Haushalt 7

Ausgabe C

von
Helga Wöhl,
Maria-Anna Roth
und
Josefine Obermaier

Oldenbourg

Inhalt

Haushalten/Ernähren

1 Planen und Beschaffen 5

In der Schulküche ist alles geplant 6
Wir spülen umweltbewusst 8
Arbeitsplatzgestaltung mit Köpfchen 10
Planung ist die halbe Arbeit 12
Den Herd Energie sparend einsetzen 14
Das Backrohr Energie sparend einsetzen 16
Energie sparen mit dem Dampfdrucktopf 18
Reinigungs- und Pflegemittel
 richtig auswählen 20
Müll vermeiden ist besser als
 Wiederverwertung 22
Hilfen beim Einkauf von Lebensmitteln 24
Lebensmittelrecht und Verbraucherschutz ... 26
Erst planen, dann einkaufen 28
Qualitätskennzeichen bei Hühnereiern 30
Einkauf und Umweltschutz 32
Wir vergleichen Qualität und Preis 34

(m) Kontrollierter Wasser- und
 Energieverbrauch 36
(m) Einkaufsquellen im Vergleich 38
(m) Verkaufsstrategien durchschauen 40
(m) Gezielter Einsatz knapper Mittel 42

(ü) Teamarbeit gut organisiert 44
(ü) (m) Preis und Qualität im richtigen
 Verhältnis 45

Gespräche führen zum Informieren
 und Entscheiden 46

2 Gesund leben und essen 47

Lebensgewohnheiten und
 Ernährungsverhalten hinterfragen 48
Vielseitig essen ist vollwertig essen 50
Getreide als ballaststoffreiches Lebensmittel .. 52
Obst und Gemüse – reich an
 Vitaminen und Mineralstoffen 54
Obst und Gemüse halten gesund 56
Milch und Milchprodukte –
 Power für Knochen und Konzentration 58
Pflanzliche und tierische Eiweißlieferanten ... 60
Fit mit wenig Fett 62
Wasser – lebensnotwendiger
 Bestandteil der Nahrung 64
Kräuter sparen Salz ein 66
Die Geheimnisse der mediterranen Küche ... 68
Hygiene hält gesund 70

(m) Empfehlungen für eine gesunde
 Lebensweise 72
(m) Wissenswertes über Zucker 74
(m) Sekundäre Pflanzenstoffe als
 Gesundheitsschutz 75
(m) Fette und fetthaltige Lebensmittel
 im Vergleich 76

(ü) Ernährungswissen und Ernährungsverhalten 78
(ü) (m) Ernährungswissen anwenden 79

Fitnessrallye 80

3 Lebensmittel auswählen und verarbeiten 83

Sensorische Prüftechniken 84
Arbeiten mit Rezepten 86
Techniken der Vor- und Zubereitung 88
Nährstoffe gehen leicht verloren 90
Speisen anrichten 91
Garverfahren im Überblick 92

- (m) Verarbeitung von Ei in der Küche 94
- (m) Binden und Süßen von Speisen 95
- (ü) Wir geben unser Wissen weiter 96
- (ü)(m) Wir bewerten Arbeit nach der Qualität ... 97

Die Gruppenarbeit im HsB-Unterricht 98

4 Technische Hilfen im Haushalt 99

Garen in der Mikrowelle 100
Das elektrische Handrührgerät 101
Maschinelles Spülen und Waschen 102
Unfallvermeidung im Haushalt 104

- (ü) Sicheres Arbeiten in der Küche 106
- (ü)(m) Zubehörteile des elektrischen Handrührgerätes 107

Die Gebrauchsanweisung
   informiert und schützt 108

Soziales Handeln im Bezugsrahmen des Haushalts

5 Soziales Miteinander 109

Leben und Lernen in der Gemeinschaft 110
Verantwortung übernehmen bei
   der Betreuung von Kindern 112
Tischkultur im Alltag 114
Speisenpräsentation im Alltag 116

- (ü) Gemeinsames Essen schätzen 118
- (ü)(m) Essgewohnheiten anderer Länder 119

Benimm ist in 120

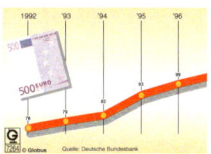

Aktuelles

6 Informationen suchen, finden und bewerten 121

Projekt Dienstleistung:
   „Schüler betreuen Schüler" 122
Projekt Arbeiten und Wirtschaften
   für einen Markt: „Rund um den Apfel" ... 124
Software-Angebote sichten und nützen 126
Arbeiten mit dem Internet 127

Lernen lernen mit Medien 128

Planung von Lerneinheiten 129

Rezepte 131

Anhang 138

Nährwerttabelle 138
Obst- und Gemüsekalender 140
Glossar 141
Rezeptverzeichnis 142
Stichwortverzeichnis 143
Impressum/Bildquellenverzeichnis 144

Hallo liebe Schülerin, lieber Schüler!

In diesem Schuljahr begegnest du dem Fach Hauswirtschaftlich-sozialer Bereich (HsB), in dem du dich mit den Aufgaben des privaten Haushalts beschäftigen wirst.

Natürlich denkst du zunächst an das Kochen. Bei der praktischen Arbeit in der Schulküche wirst du lernen, viele verschiedene Speisen zusammen mit deinen Mitschülerinnen und Mitschülern schnell und geschickt zuzubereiten. So macht Kochen Spaß – und das Essen schmeckt! Du wirst verstehen, warum die richtige Auswahl der Lebensmittel wichtig ist, um gesund und fit zu bleiben.

Ein Haushalt muss jedoch vielfältige Aufgaben bewältigen – nicht nur das Einkaufen und Kochen. Familienmitglieder betreuen, Kinder erziehen, gemeinsame Beschlüsse im Familienrat, damit die Haushaltskasse reicht – all das leisten der Haushalt und die Menschen, die in ihm leben. Das Zusammenleben im Haushalt wie in der Schule kann aber nur dann gelingen, wenn jeder zur partnerschaftlichen und verantwortlichen Teamarbeit bereit ist. Du wirst lernen die Arbeit zu Hause mit der Arbeit im Beruf so zu verbinden, dass genügend Zeit für Erholung und Vergnügen bleibt.

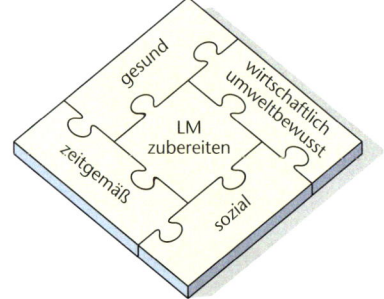

Der Haushalt steht nicht allein – er ist Teil unserer Gesellschaft. Du wirst die Vernetzung privater Haushalte mit Umwelt, Technik, Wirtschaft und Einrichtungen des öffentlichen Lebens auch im Hinblick auf deine spätere Berufswahl kennen lernen. In der 7. Klasse kannst du z.B. einen Kindergarten besuchen. Die *Puzzlebausteine* am unteren Seitenrand sollen dir helfen diese Zusammenhänge zu durchschauen.

Die Doppelseiten sind folgendermaßen aufgebaut: rechts unten der Aufgabenblock mit Zusatzaufgaben für die M-Schüler, die Puzzlebausteine und in den beiden Nebenspalten Informationen und *Merksätze*.

Die *Erweiterungsseiten* sind für die M-Schüler Pflicht. Selbstverständlich sind diese Seiten auch für clevere Schüler aus der Regelklasse eine interessante Zusatzinformation.

Im *Übungsteil* kannst du testen, ob du neue Inhalte und Methoden anwenden kannst.

Viel Erfolg beim gemeinsamen Schaffen!

Helga Wöhl
Maria-Anna Roth
Josefine Obermaier

1 Planen und Beschaffen

Salvador Dalí (1904–1989), Die weiche Uhr

1 Planen und Beschaffen

Wirtschaftlich und umweltbewusst haushalten

In der Schulküche ist alles geplant

Haushalten will gelernt sein! Diese und die folgenden Seiten informieren über geplantes Arbeiten im Bereich Küche und geben Hilfen zum Einkauf. Ein besonderes Anliegen sind der Umweltschutz und der überlegte Umgang mit Zeit, Kraft und Geld.

 Teamarbeit verlangt Teamgeist

Das richtige Outfit ist wichtig

Erster Blick in die Schulküche

Eine Schulküche besteht aus drei oder vier Kleinküchen, wobei die einzelne Küche ähnlich wie eure Küche zu Hause ist. Eine Kleinküche nennen wir Koje. Jede Koje hat die gleiche Ausstattung mit Ober- und Unterschränken und die gleiche Anordnung der Bereiche für das Vorbereiten, Kochen, Backen und Spülen.

Sicher hilfst du auch gelegentlich deiner Mutter in der häuslichen Küche; in der Koje arbeitet eine Schülergruppe immer als Team zusammen. Ideal ist es, wenn sich Buben und Mädchen hierbei die Aufgaben teilen. Dein Beitrag ist wichtig! Gute Ergebnisse sind nur zu erreichen, wenn jeder seine Aufgabe planvoll, verantwortungsbewusst und selbstständig ausführt und dabei auf andere Rücksicht nimmt. Mehr zum Thema „Teamarbeit" lernst du auf Seite 44.

Jede Hauswirtschaftsstunde bietet Gelegenheit zur Übung und bringt Fortschritte. Außerdem kannst du das Erlernte in deiner Freizeit anwenden. So kannst du mit deinem Wissen und Können das Familienleben mitgestalten.

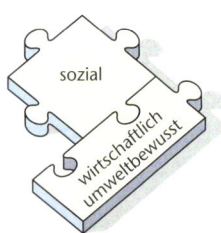

Beim Herstellen der Pause-Power-Spieße lernen wir die Bereiche der Küche näher kennen und arbeiten erfolgreich im Team.

In der Schulküche ist alles geplant

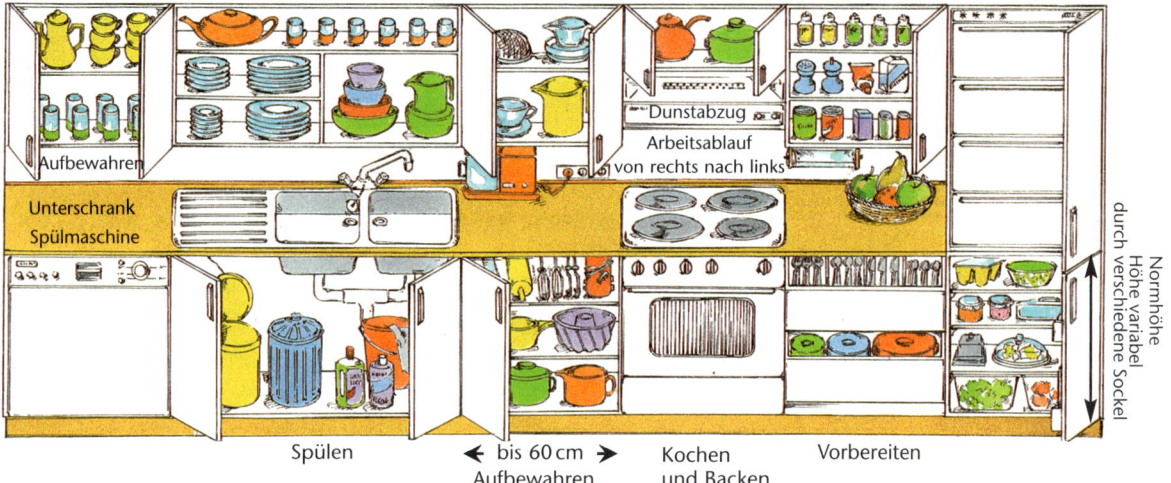

Blick in eine Küche

Wir arbeiten mit Köpfchen

Zum ersten Mal erprobt ihr alleine und in der Gruppe überlegtes und geplantes Arbeiten.

Zuerst lese ich das Rezept Pause-Power-Spieße aufmerksam durch. In der linken Spalte stehen die Zutaten, in der rechten Spalte die Arbeitsschritte. Daraus leite ich die erforderlichen Arbeitsgeräte ab. Jetzt bereite ich die Pause-Power-Spieße zu. Dabei halte ich die angegebene Reihenfolge im Rezept ein. Zum Abschluss fallen immer Reinigungsarbeiten und das Aufräumen an. Auch diese Arbeiten erledige ich sebstverständlich sorgfältig.

Das Rezept informiert über:
- erforderliche Arbeitsmittel
- sinnvolle Arbeitsabfolge

Planungsschritte:
1. Rezept lesen
2. Arbeitsmittel herrichten
3. Zubereiten
4. Aufräumen

Pause-Power-Spieße

Zutaten	Arbeitsschritte
3 Scheiben Toastbrot 3 Scheiben Pumpernickel 100 g Frischkäse	*bestreichen* und aufeinanderlegen, Brotstapel *würfeln*
je 1/2 Paprikaschote (rot, gelb, grün) 1/4 Salatgurke oder einige Trauben (blau, grün)	*waschen* und in mundgerechte Stücke *schneiden*, in dicke Scheiben schneiden waschen
Schaschlikspieße	Zutaten abwechselnd *aufstecken*
Tipp: Pause-Spieße in Brotzeitdose *verpacken*.	

Aufgaben

1 Betrachte die Anordnung in der Küche oben und begründe sie.
2 Stelle die Besonderheiten der Gruppe in der Schulküche heraus.
3 Nenne die Vorteile planvollen Arbeitens.
4 Schlage im Lexikon oder im Glossar die Begriffe Ökonomie und Ökologie nach und berichte.

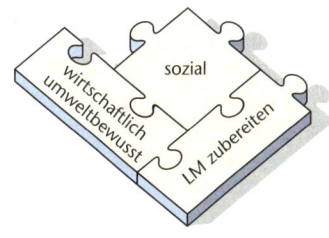

1 Planen und Beschaffen

Wir spülen umweltbewusst

Heute hat Patrick Spüldienst.
Nina: „Warum lässt du zum dritten Mal neues Wasser ein?"
Patrick: „Ich spüle eben besonders hygienisch!"
Mirko: „Ach, deshalb ist unser Spülmittel schon fast leer."
Nina: „Sortiere doch das Geschirr vor dem Spülen."
Patrick: „Wenn ihr unbedingt wollt – aber dann dauert das Abspülen eben noch länger!"

Sparsamer Umgang mit Wasser, Energie und Chemie

Die Trinkwasserreserven der Erde sind nicht unbegrenzt. Deshalb müssen wir mit dem Rohstoff Wasser verantwortungsbewusst und sparsam umgehen.

Das bedeutet auch, dass wir möglichst wenig Chemie in Form von Spülmittel einsetzen. Ein Spritzer Spülmittel genügt! Diesen Werbespruch nehmen wir ausnahmsweise einmal wörtlich. Auch mit wenig Spülmittel wird man mit Fetten fertig. Denn zu viel Spülmittel verringert die Spülwirkung, ist schädlich für unsere Haut und belastet das Wasser.

Sachgerechtes Spülen dient der Hygiene, vermeidet Unfälle, schont die Umwelt und spart Zeit, Kraft und Geld.

Fette sind leichter als Wasser (Spülen ohne Spülmittel)

Fette lassen sich zerteilen (emulgieren) (Spülen mit Spülmittel)

Die Reihenfolge beim Spülen

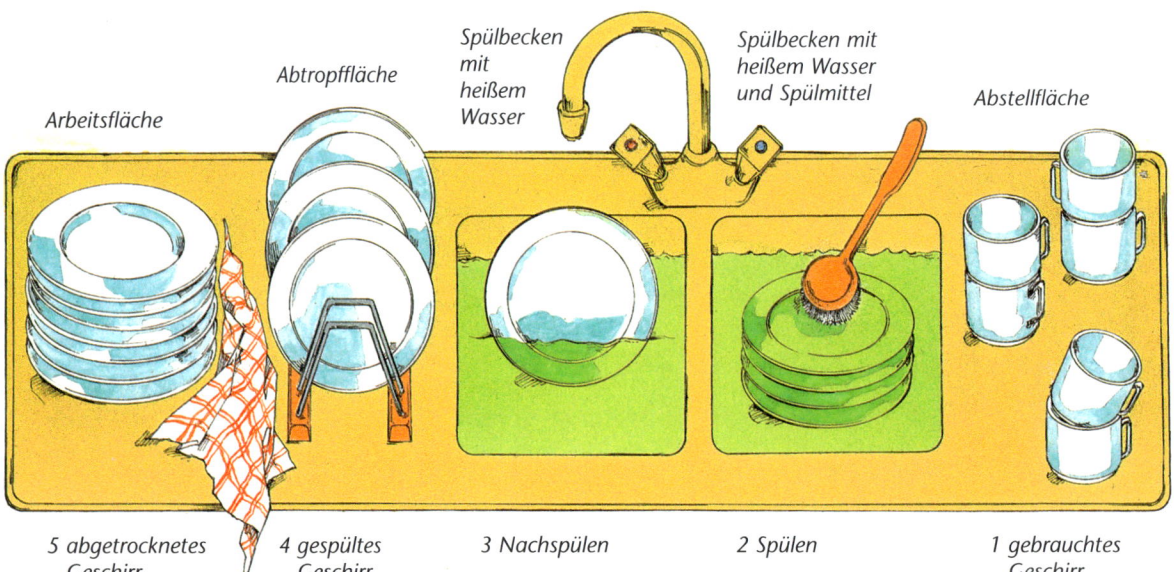

Nacharbeiten:
Geschirr abtrocknen und einräumen; Spüle reinigen; Tücher aufhängen

Ausführen:
Reihenfolge: Glas, Porzellan, Besteck, Arbeitsgeschirr

Vorarbeiten:
Speisereste entfernen; Geschirr sortieren und stapeln (Gläser nie stapeln)

Wir spülen umweltbewusst

Auch beim Spülen gilt: „Weniger ist mehr!" Wir setzen zuerst wenig mildes Spülmittel ein und greifen dann zu Hilfsmitteln nach dem Motto „Mehr Bürste statt Chemie". Geeignet sind zum Beispiel Spülbürste, Putzschwamm und verseifte Stahlwolle. Edelstahltöpfe werden, mit Essig, Salz und Wasser gereinigt, wieder blank. Hygienisch spülst du, wenn das Spülwasser bei Bedarf gewechselt und Geschirr in heißem Wasser nachgespült wird. Überlegt gehst du vor, indem du die Teller stapelweise in das Spülwasser stellst und Stück für Stück von beiden Seiten reinigst. Messer und spitze Gegenstände spülst du einzeln und nacheinander, lässt sie nicht im Wasser liegen und vermeidest damit Verletzungen.

Die richtige Reihenfolge spart Wasser, Energie und Chemie.

Der erfolgreiche Dreischritt beim Spülen: vorbereiten, ausführen und nachbereiten

Quark-Frucht-Traum

Zutaten	Arbeitsschritte
250–500 g Früchte, z. B. rote Beeren oder gemischte Früchte nach Wahl und Saison ½ Zitrone wenig Zucker oder Honig	waschen, vorbereiten, evtl. zerkleinern, auspressen und zugeben, nach Geschmack süßen.
250 g Quark, 4–6 Essl. Milch evtl. ½ Becher Sahne	verrühren, schlagen und unterheben, alles schichtweise in Portionsgläser einfüllen.
1 Essl. Kokosraspel einige Nüsse und Pistazien	darüberstreuen garnieren

Benötigte Arbeitsmittel:
Zutaten, Abfall- und Kompostschüssel, Ordnungstopf, Löffel, Sieb, Brett, Messer, Arbeitsschüssel, Handrührgerät, Zitronenpresse, Probierlöffel, Portionsgläser

Aufgaben

1 Nimm zum Streitgespräch zwischen den Schülern Stellung.
2 Lies das Rezept durch.
3 Richte die erforderlichen Arbeitsgeräte her.
4 Ordne das benützte Geschirr an der Spüle.
5 Teilt die Arbeit beim Spülen gerecht ein. Denkt an die Arbeitsverteilung zu Hause.
6 Plant anhand der nächsten Aufgabe den Dreischritt.
(m) 7 Erkläre die beiden Skizzen mit den Eigenschaften von Fett am Beispiel Spülen.
(m) 8 Erläutere den Begriff emulgieren. Schlage dazu im Glossar nach.
9 Informiere dich (siehe Seite 36/37) über den Wasserverbrauch.

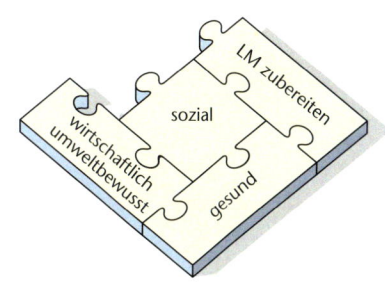

1 Planen und Beschaffen

Arbeitsplatzgestaltung mit Köpfchen

Lisa und Robert laden zur Party ein. Sie bereiten für 16 Personen Gemüsepommes zu. Zuerst lesen sie das Rezept. Aus den Arbeitstechniken in der Zubereitung schließen sie auf die Arbeitsgeräte. Sie richten den Arbeitsplatz her.

Ein Büfett für die Party
Ein Büfett bietet dir Vielfalt und lässt dir freie Wahl. Es kann dekorativ auf kleinstem Raum präsentiert werden.

Gemüsepommes der Saison mit Zaziki

Zutaten	Arbeitsschritte
6–8 Karotten (gelbe Rüben, Möhren)	*putzen*, *waschen*, sparsam *schälen* und nochmals waschen.
1 feste, große Salatgurke (ungespritzte Schale)	waschen, möglichst nicht schälen,
1–2 rote Paprikaschoten	waschen, halbieren, Kerne entfernen.
1–2 gelbe Paprikaschoten	Gemüse in *Scheiben*, dann in *Streifen schneiden*. Gemüse sortenweise oder gemischt in passenden Gefäßen anrichten.

Zaziki (griechische Jogurt-Marinade)

¼ Salatgurke	in feine Streifen (Julienne) schneiden
1 Knoblauchzehe	*zerdrücken*
2 Becher Jogurt etwas Pfeffer evtl. Salz evtl. Dill	mischen, alle Zutaten zur Marinade geben, *vermischen*, in Dipschalen füllen und zum Büfett stellen.

Marinade in doppelter Rezeptmenge zubereiten.

! Breite Streifen – Stäbe
• feine Streifen – Julienne

Innere und äußere Griffbereiche

So geht die Arbeit mühelos von der Hand

10

Arbeitsplatzgestaltung mit Köpfchen

Ich richte mir zuerst alle Arbeitsmittel her, dann stelle ich mir die Zutaten und Arbeitsgeräte von rechts nach links in den äußeren Griffbereich. Der Rechtshänder arbeitet von rechts nach links, der Linkshänder arbeitet entgegengesetzt. Im inneren Griffbereich führe ich die Arbeiten mit lockerer Armstellung aus. So bleibt meine Leistungsfähigkeit länger erhalten.

Nun ist der Arbeitsplatz ergonomisch gestaltet und die Arbeitsweise wirtschaftlich oder rationell, wie der Arbeitswissenschaftler sagt. Nicht nur im häuslichen Bereich, sondern auch im beruflichen Umfeld werden Arbeitsplätze nach ergonomischen und rationellen Gesichtspunkten gestaltet.

Eine weitere Erleichterung ist Arbeiten im Sitzen, wenn Tisch und Stuhl der Körpergröße angepasst sind.

Richtige Arbeitshöhe spart Kraft

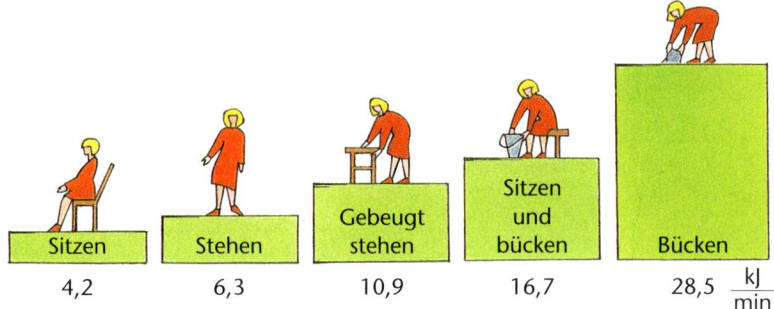
Eine Kraft sparende Haltung beim Arbeiten ist wichtig

Ergonomie schafft angenehme Arbeitsbedingungen.

Überlegte Arbeitsplatzgestaltung und Arbeitshaltung
- vermeiden ein Überkreuzen der Arme,
- ermöglichen einen fließenden Arbeitsablauf,
- helfen Zeit und Kraft sparen.

Aufgaben

1. Beschreibe und beurteile den abgebildeten Arbeitsplatz.
2. Lies das Rezept und bereite den Arbeitsplatz vor (jede Gruppe für eine andere Gemüsesorte).
3. Betrachte das Säulendiagramm und leite Merkpunkte zur Arbeitshaltung ab.
4. Führe die Vor- und Zubereitungsarbeiten für das Gemüse zuerst im Sitzen und dann im Stehen aus und berichte.
5. Begründe die Verwendung von Saisongemüse; sieh dir auch den Obst- und Gemüsekalender auf Seite 140 an.
6. Was spricht für die Kompostierung von Gemüseabfällen?
7. Was sagen die Zahlenwerte unter den Säulen aus? Schlage dazu im Glossar bei Energiewert nach.

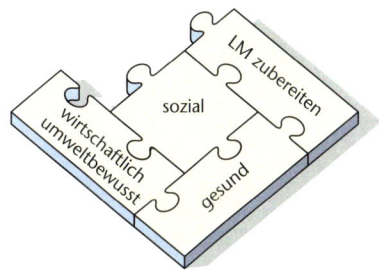

1 Planen und Beschaffen

Planung ist die halbe Arbeit

Boris' Mutter ist berufstätig. Heute ist Boris zuerst zu Hause und möchte seine Mutter mit dem feinen Käse-Wurst-Salat aus der Schulküche überraschen. Bis die Mutter kommt, hat er noch 60 Minuten Zeit. „Ob ich das schaffe? In der Schule haben Ayse und ich für den Käse-Wurst-Salat eine halbe Stunde gebraucht."

Käse-Wurst-Salat

Zutaten	Arbeitsschritte
250 g Emmentaler oder mittelalten Gouda 150 g Wurst oder Schinken 2 Gewürzgurken oder	in Streifen oder Würfel schneiden
½ Salatgurke 1 säuerlicher Apfel	waschen, schälen, in Stifte oder Würfel schneiden
nach Belieben 1 Zwiebel	fein würfeln oder halbe Ringe
200 g Maiskörner 2 Essl. gehackte Kräuter etwas Pfeffer	zugeben
Salatmarinade zur Auswahl (siehe Rezeptteil)	zubereiten, alles vermengen, 15 Minuten durchziehen lassen
Zum Garnieren: Tomaten, Crème fraîche, Eierscheiben, Salatblätter	

Arbeitsplan von Boris, Julia, Ayse und Lukas aus der Schulküche

Benötigte Arbeitsmittel:
Abfallschüssel, Ordnungstopf, Probierlöffel, Brett, Messer, Sparschäler, Dosenöffner, Tasse, Arbeitsschüssel, Anrichtegeschirr

Boris und Julia	Ayse und Lukas
Arbeitsschritte	Arbeitsschritte
Zutaten und Geräte herrichten Marinade herstellen Gurke schälen und herrichten Apfel vorbereiten, zerkleinern mit Julia Zutaten mischen Tisch decken Amt ausführen evtl. Mithilfe in der Koje	Zutaten und Geräte herrichten Käse und Schinken schneiden Zwiebel schneiden Zutaten zur Marinade geben Käse-Wurst-Salat abschmecken Tisch decken mit Lukas Amt ausführen (S. 44) evtl. Mithilfe in der Koje

Vorbereiten
(Rüstzeit)

↓

Ausführen
(Tätigkeitszeit
und Wartezeit)

↓

Nachbereiten
(Rüstzeit)

Boris plant für sich

Zuerst überlegt Boris und liest noch einmal die Arbeitsschritte und bereitet seinen Arbeitsplatz vor. Er stellt fest, dass bei der Zubereitung von Käse-Wurst-Salat eine Wartezeit anfällt. Diese Wartezeit will er natürlich sinnvoll nützen.

Boris geht systematisch vor und schafft alles in 65 Minuten:

Zeit	Für Käse-Wurst-Salat und übrige Arbeiten		Einteilung in:
5 Minuten	Alle Zutaten und Geräte am Arbeitsplatz herrichten		Rüstzeit
1 Minute	Salatgurke und Apfel waschen		Tätigkeitszeit
5 Minuten	Salatmarinade herstellen		Tätigkeitszeit
25 Minuten	Alle Zutaten vorbereiten und zerkleinern		Tätigkeitszeit
3 Minuten	Alle Zutaten mit Marinade mischen		Tätigkeitszeit
1 Minute	Käse-Wurst-Salat abschmecken		Tätigkeitszeit
3 Minuten	Kräuter hacken und zugeben		Tätigkeitszeit
15 Minuten	Käse-Wurst-Salat ziehen lassen	Tisch decken	Wartezeit und Tätigkeitszeit
		Ordnung in der Küche schaffen, Geschirr spülen	Rüstzeit
5 Minuten	Käse-Wurst-Salat anrichten und garnieren		Tätigkeitszeit

Wirtschaften mit Zeit und Kraft

Damit im Haushalt alles „wie am Schnürchen läuft", muss gut geplant werden. Auch im Hauswirtschaftsunterricht müssen wir zu einer bestimmten Zeit fertig sein. Ein Arbeitsplan hilft dir den Zeitpunkt zu ermitteln, wann du mit der Arbeit beginnen musst, damit du deine Aufgabe ohne Hetze und zeitgerecht ausführen kannst.

Heute wird die Arbeit nach betriebswirtschaftlichen Grundsätzen geplant. In Industrie und Handwerk ist die Arbeit so organisiert, dass jeweils mit dem geringsten Zeitaufwand der größte Nutzen erzielt wird. Diese Richtlinien legt der Verband für Arbeitsstunden (kurz REFA genannt, Reichsausschuss für Arbeitsstudien) jeweils nach neuesten Erkenntnissen der Arbeitswissenschaften fest.

Ökonomisches Arbeiten

1. Rezept genau durchlesen.
2. Gar-, Abkühl- und Wartezeiten ermitteln.
3. Grobe Arbeitsplanung vornehmen.
4. Anfallende Arbeiten in Teilschritte zerlegen.
5. Arbeitsschritte in die richtige Reihenfolge bringen und sachgerecht ausführen.

Wartezeiten nützen

Aufgaben

1 Nenne drei vitaminreiche Lebensmittel aus dem Rezept.

2 Erkläre den Dreischritt Vorbereiten, Durchführen und Nacharbeiten.

3 Nenne die Vorteile einer guten Organisation.

4 Zähle Tätigkeiten auf, die während einer Wartezeit ausgeführt werden können.

m 5 Erkläre die Begriffe Rüst-, Tätigkeits- und Wartezeit jeweils mit einem Beispiel.

m 6 Erfrage bei deiner Lehrerin das nächste Rezept und erstelle dazu einen Arbeitsplan.

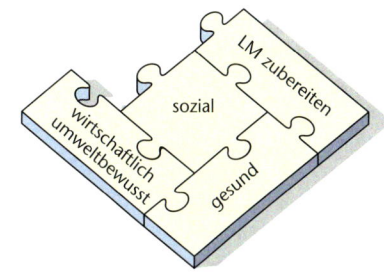

1 Planen und Beschaffen

Den Herd Energie sparend einsetzen

Beim Zubereiten der Nachspeise lernst du heute eines der wichtigsten elektrischen Großgeräte kennen, sachgerecht zu bedienen und dabei Energie sinnvoll zu nutzen.

Buntes Kompott mit Vanilleeis

Zutaten	Arbeitsschritte
500 g Zwetschgen 1–2 Äpfel Birne einige Trauben	Obst *waschen*, Zwetschgen entsteinen, Apfel und Birne evtl. *schälen*, in Spalten *schneiden* und halbieren.
$1/4 - 1/2$ l Wasser 1 Stück Zimtstange 1 Stück Zitronenschale ungespritzt wenig Zucker	*Sud herstellen*, d. h. Wasser mit den Geschmackszutaten zum Kochen bringen.
	Früchte einlegen, zum Kochen bringen, zurückschalten, vier Minuten garen, abschalten und Nachwärme nützen. Kompott in Portionsschalen füllen.
Vanilleeis	Kugeln aufsetzen und sofort servieren.

Tipp: Unter Glasschalen feuchtes Tuch legen und heißes Kompott einfüllen. Benutze Topflappen, um Verbrennungen zu vermeiden.

! Topflappen benutzen!

Benötigte Arbeitsmittel:
Kompostschüssel, Sieb, Ordnungstopf, Brett, Messer, evtl. Schäler, Topf, Glasschalen, Tuch, Topflappen

Die verschiedenen Kochstellen

! Die Bedienungsanleitung ist eine wichtige Informationsquelle.

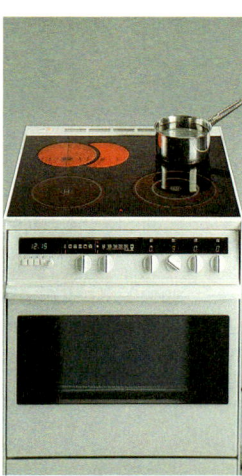

Vier Gaskochstellen   *Elektroherd mit vier Platten*   *Glaskeramikkochfeld*

Den Herd Energie sparend einsetzen

Richtig schalten – Energie sparen

Garen	Schmelzen Ausquellen	Fortkochen Dünsten	Braten	Ankochen
Schalten	0	1	2	3
	Normalplatte mit Stufenschaltung			
	1 2 3 4	5 6 7 8	9 10 11	12
	Automatikplatte mit stufenloser Schaltung			

Die Automatikplatte auf den gewünschten Garbereich einstellen, z.B. Fortkochen, Stufe 5. Die Automatikkochplatte kocht dann mit hoher Leistung schnell an und schaltet sich automatisch auf die eingestellte Stufe zurück.
Elektroherd und Gasherd ermöglichen Energie sparendes Garen. Beim Elektroherd ist die Nachwärme sinnvoll auszunutzen; beim Gasherd lässt sich die Energiezufuhr sofort stoppen.

Der richtige Topf
Energie sparendes Garen erfordert die richtige Platten- und Topfauswahl, den Einsatz des Topfdeckels, das rechtzeitige Zurückschalten der Platten und das Ausnützen der Nachwärme. Achte beim Einkauf von Kochgeschirr auf gute Verarbeitung und ebenen Topfboden. Ein gewölbter Topfboden erhöht den Stromverbrauch auf das 1,5-fache.

Reinigung und Pflege
Bei allen Kochstellen sollten Verschmutzungen, z. B. übergekochte Speisen, sofort entfernt werden. Kochstelle nach jedem Gebrauch mit warmem Spülmittelwasser säubern. Das Glaskeramikkochfeld nur mit flüssigen Reinigungsmitteln und die Chromringe der Herdplatten mit Scheuerpulver und Putzschwamm reinigen.

! Automatikplatten nur auf den Garbereich einstellen.

Kochen ohne Deckel verbraucht die dreifache Energie

Unpassend gewählte Kochstellen/ Topfgrößen erhöhen den Energieverbrauch um ein Vielfaches

Aufgaben

1 Betrachte die verschiedenen Kochfelder.

2 Nehmt die Bedienungsanleitung des Herdes in eurer Koje und vergleicht sie mit der Beschreibung auf dieser Seite.

3 Suche aus der Koje einen passenden Topf zum Kompottkochen.

4 Erprobe bei der Zubereitung des Kompottes den Umgang mit Topf, Platte und Herdschaltung und achte auf Unfallvermeidung.

5 Wenn du in der Schulküche mit Gaskochstellen arbeitest, kannst du den Unterschied zum Elektroherd herausstellen.

6 Lies auf Seite 92 über das Garverfahren „Kochen" nach.

m 7 Erkläre die unterschiedliche Schaltung der Kochplatten mit deinem Wissen aus dem Physik-Chemie-Biologie-Unterricht.

Spare ich Energie, schone ich die Umwelt und spare Geld. !

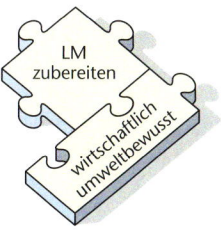

1 Planen und Beschaffen

Das Backrohr Energie sparend einsetzen

In der Backröhre werden Speisen in trockener Luft gegart. Neben der üblichen Beheizungsart mit Ober- und Unterhitze gibt es auch noch das Backen in Heißluft oder kombinierte Geräte.
Bei der Zubereitung kannst du die Bedienung eures Herdes erproben.

Pizzabrötchen	
Zutaten	Arbeitsschritte
2 – 4 Vollkornsemmeln	quer durchschneiden
100 – 150 g Schinken (z. B. Pute) 100 – 150 g Salami (z. B. Rind)	würfeln
100 g Champignons 1 grüne Paprikaschote	blättrig schneiden waschen, aushöhlen, würfeln
100 – 150 g Reibkäse 100 g Sahne etwas Oregano	zugeben und alles gut durchmischen.
	Masse auf Semmelhälften verteilen und im Rohr überbacken.
Wahlweise: Ober- und Unterhitze Heißluft/Backen auf mehreren Ebenen	200 °C, 10 Minuten 175 °C, 10 Minuten

Beheizungsarten im Vergleich

Ober- und Unterhitze

Umluft/Heißluft (⌀)

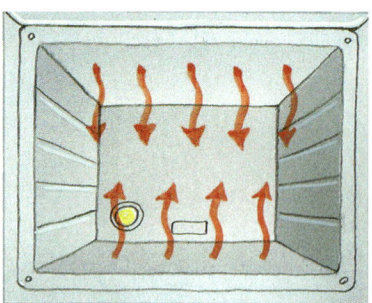

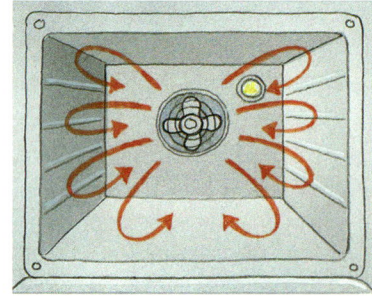

 Das Rezept bedingt die Beheizungsart.

Hier strömt die Hitze nur von oben und unten

Mithilfe eines Gebläses wird die Luft 40-mal pro Minute umgewälzt

Der Umluftbackofen bietet im Vergleich zum Backofen mit Ober- und Unterhitze Energie sparende Vorteile:
- Vorheizen nicht nötig
- Backen auf mehreren Ebenen
- Verringerung der Backtemperatur

Das Backrohr Energie sparend einsetzen

Auszug aus der Bedienungsanleitung

z. B. Kuchen auf dem Blech	Ober- und Unterhitze		Backzeit	Heißluft	
	Höhe	Temp. °C	Min.	Höhe	Temp. °C
Blätterteiggebäck					
1 Blech	1	180–200	18–25	2	170–190*
2 Bleche	–	–	25–30	2+4	160–180
3 Bleche	–	–	35–45	1+3+4	150–170
Biskuitrolle (Backofen vorheizen)	1	180–200	15–20	–	–

Umluftbacken auf drei Ebenen

Beim Backen mit Ober- und Unterhitze wird flaches Gebäck in die Mitte eingeschoben; beim Umluftbackrohr ist jede Einschubhöhe möglich. Wird in Heißluft auf mehreren Blechen gleichzeitig gebacken, dann gilt die Reihenfolge:
Erstes Blech – zweite Schiene
Zweites Blech – vierte Schiene
Weitere Bleche füllen die Zwischenräume.
Spare Strom, indem du größere Mengen in einer Backröhre zubereitest.
In Kochbüchern sind die Temperaturen meistens für den Backofen mit Ober- und Unterhitze angegeben. Beim Heiß-/Umluftherd ist die Temperatur 20 bis 30 Grad niedriger einzustellen.

> Garen in Heißluft ist energiesparender als Garen bei Ober- und Unterhitze. **!**

Reinigung der Backröhre
Damit Backofenspray sich erübrigt, reinige nach jedem Gebrauch das Backrohr mit warmer Spülmittellauge. Das ist nicht nur arbeitserleichternd, sondern auch umweltschonend.

Aufgaben

1 Stelle fest, welche Beheizungsart euer Herd hat.

2 Erkläre, wie du Unfälle im Umgang mit dem Backrohr vermeiden kannst.

3 Finde anhand unseres Rezeptes und der Tabelle die Vorzüge des Umluftbackens.

4 Blättere im Rezeptteil des Buches nach Gerichten, die im Backrohr zubereitet werden.

5 Schlage im Buch Seite 93 nach und erkläre das Garverfahren „Backen im Rohr".

6 Erkläre den Zusammenhang zwischen Energieverbrauch, Sparsamkeit und Umweltschutz.

7 Informiere dich auf Seite 37 über weitere Energiespartipps.

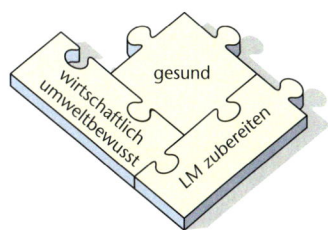

Energie sparen mit dem Dampfdrucktopf

Der Dampfdrucktopf wird heute in vielen Haushalten täglich benützt. Bei Gerichten mit langer Garzeit, wie z. B. Pellkartoffeln, verkürzt sich die Garzeit beinahe um die Hälfte. Im Dampfdrucktopf herrschen Temperaturen von 108 – 116 °C.

Dampfdrucktopf im Querschnitt

Pellkartoffeln werden gar durch Kochen, Dünsten oder Druckgaren. Der wesentliche Unterschied zeigt sich in der Garzeit.

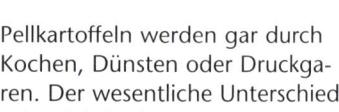
Geringere Garzeit = geringerer Energieverbrauch

Vorzüge des Garens im Dampfdrucktopf
Der gut schließende Deckel mit Bajonettverschluss und Gummiring lässt den sich bildenden Dampf nicht entweichen. Die kürzeren Garzeiten senken den Energieverbrauch.

Nachteile des Garens im Dampfdrucktopf
Der unter Druck garende Topf lässt kein „Topfgucken" zu und erfordert ständige Überwachung.

Schalenkartoffeln/Pellkartoffeln auf dreierlei Art gegart: Kochen, Dünsten und Druckgaren (siehe auch Seite 92/93)	
Zutaten	Arbeitsschritte
1 kg Kartoffeln (mittelgroß) ausreichend Salzwasser	waschen in den *Topf* geben, mit den Kartoffeln zum Kochen bringen, 30 – 45 Minuten *kochen* lassen; oder in den *Siebeinsatz* des *Dämpfers* legen, unten Wasser einfüllen, zum Kochen bringen, 30 – 35 Minuten *dämpfen* lassen; oder in den *Siebeinsatz* des *Dampfdrucktopfes* geben, mindestens ¼ l Wasser in den Topf füllen, schließen und 15 – 20 Minuten *druckgaren*.
Quarkdip	Rezeptteil, Seite 135

Sicherer Umgang mit dem Dampfdrucktopf

- **Füllen**
- Genügend Flüssigkeit einfüllen, damit sich Dampf entwickeln kann; mindestens ¼ Liter.
- Bei stark schäumenden Speisen sowie bei Suppen Topf nur zur Hälfte mit Flüssigkeit füllen.
- Speisen mit gleicher Garzeit können in den Einsätzen übereinandergestellt werden.

- **Schließen**
- Topfrand stets abwischen, damit der Gummiring abdichtet.
- Topf ordnungsgemäß schließen – beachte die Markierungen.
- Topfgriffe müssen übereinanderstehen.

- **Garen**
- Bei starker Hitze ankochen.
- Bei Dampfentwicklung Ventil aufschrauben bzw. Kochregler schließen (je nach Fabrikat verschieden).
- Wenn der erste Ring des Druckanzeigestiftes erscheint, auf die Hälfte zurückschalten.
- Wenn der zweite Ring sichtbar wird, beginnt die eigentliche Garzeit.
- Garzeiten der Bedienungsanleitung entnehmen, da sie von den üblichen Kochzeiten abweichen.

- **Öffnen**
- Nach Beendigung der Garzeit Topf von der Kochplatte nehmen.
- Topf erst öffnen, wenn er druckfrei ist. Der Topf wird druckfrei durch:
  Stehen- und Abkühlenlassen oder
  Übergießen des Deckels mit kaltem Wasser (Notlösung!).

Pflege und Reinigung

Topf, Deckel und Gummiring mit Spülwasser reinigen, Ventil und Gummiring stets sauber halten. Aufbewahrt wird der Topf unverschlossen. Der Dichtungsring ist je nach Verschleiß zu erneuern.

Dampfdrucktopf nur druckfrei öffnen – niemals mit Gewalt!

Aufgaben

1. Nenne Maßnahmen zur Unfallvermeidung.
2. Suche in der Bedienungsanleitung Gerichte heraus, die sich besonders für den Dampfdrucktopf eignen.
3. Beurteile die Garverfahren „Kochen" und „Druckgaren" unter den Aspekten Zeit-, Energieaufwand und Umweltschutz. Schlage dazu auch Seite 92/93 nach.
4. Nimm Stellung zu der Aussage „Der Dampfdrucktopf ist ein vielseitiger Helfer". Beziehe dein Wissen aus dem Physikunterricht mit ein.
5. Lies Seite 37 und beantworte die Aufgaben 5 und 6.

Die Bedienungsanleitung beachten!

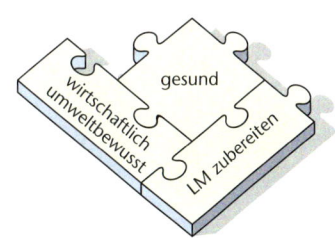

1 Planen und Beschaffen

Reinigungs- und Pflegemittel richtig auswählen

Alexander und Cem haben den häuslichen Putzschrank erkundet.
Alexander: „Wir haben zu Hause einen Ökoputzschrank mit nur fünf Reinigungsmitteln. Damit wird bei uns alles sauber."
Cem: „Was? Meine Mutter probiert immer das neueste Mittel aus der Werbung aus. Unser Putzschrank quillt richtig über!"

Laut Statistik werden in einem 4-Personen-Haushalt jährlich rund 125 € für Wasch- und Reinigungsmittel ausgegeben. Die chemischen Bestandteile dieser Mittel belasten unsere Abwässer und müssen mit hohem finanziellen und technischen Aufwand wieder herausgefiltert werden. Ganz ohne schädliche Stoffe kommt man beim Putzen nicht aus, selbst wenn man sofort nach der Verschmutzung mit klarem Wasser reinigt. Für viele Materialien, wie Kunststoff, Glas, Metall und Holz, gibt es außerdem eine Fülle von Spezialmitteln, sodass die Auswahl Kenntnis erfordert.
Es genügen uns aber wenige Mittel, um die Spüle, die Arbeitsflächen, das Kochfeld, das Backrohr, das Inventar und das gesamte Mobiliar unserer Schulküche sauber zu halten.
Sparsame Dosierung gilt für alle Reiniger, besonders aber für chemische Mittel.

! Mehr Mechanik – weniger Chemie

Einteilung der Reinigungs- und Pflegemittel

	Art der Mittel	Wirkungsweise
	Mechanisch wirkende Mittel z. B. Topfreiber, Stahlwolle, Scheuersand. Scheuerpulver enthält bis zu 90 Prozent Scheuerkörper (Marmor-, Quarz- und Bimsmehl, Kreide).	Schmutz wird durch Reiben, Scheuern oder Schleifen entfernt. Dabei wird die Oberfläche aufgeraut – empfindliche Materialien dürfen deshalb nur mit feinem Scheuerpulver behandelt werden.
	Chemisch wirkende Mittel z. B. Spülmittel, bestehen aus 70 % Wasser, 20 % Tensiden und 10 % Alkohol.	Schmutzschicht wird gelöst durch Zersetzung der Binde- und Haltekräfte der Schmutzteilchen. Schmutz lässt sich leicht entfernen. Ein Zuviel an Lösung greift jedoch die Oberfläche an.
	Mechanisch und chemisch wirkende Mittel z. B. verseifte Stahlwolle, flüssige Scheuermittel. Flüssige Scheuermittel enthalten je 50 % Scheuerkörper und flüssige Scheuermilch.	Das Abreiben des Schmutzes wird durch chemische Lösungsmittel unterstützt.

Reinigungs- und Pflegemittel richtig auswählen

Der Ökoputzschrank

Waschbecken und Badewanne	Scheuerpulver Schmierseife
Kalkränder in Küche und Bad	Essig
Fliesen	Spülmittel, Schmierseife, Essig
Fenster*	Spülmittel, Schmierseife, Spiritus
Fußboden	Spülmittel, Schmierseife
Kunststoffflächen	Spülmittel, Schmierseife
verstopfte Abflüsse	Saugglocke

* Bei Wohnungen in Industriegebieten mit starker Luftverschmutzung reicht Schmierseife zum Fensterputzen nicht aus.

Unsere Backaufgabe „Hotdog" lässt dir genügend Zeit, um Reinigungs- und Pflegearbeiten zu erproben.

Hotdog

Zutaten	Arbeitsschritte
2 Scheiben TK-Blätterteig	leicht auswellen und halbieren
4 Wiener Würstel	einlegen
1 Eiklar	als Klebemittel
1 Eigelb	als Färbemittel

Benötigte Arbeitsmittel:
Zutaten, Teigrolle, Backpinsel, Messer, Gabel, evtl. Backtrennpapier, Blech

Sparsame Verwendung von Reinigern schont die Umwelt.

Aufgaben

1 Beurteile die bereitgestellten Reinigungs- und Pflegemittel.
  Station 1: Sortiert die Reinigungsmittel nach ihrer Wirkung
  (Wahl) (Arbeitsmittel: Buch, Reinigersortiment mit Aufschriften).

  Station 2: Suche die geeigneten Reinigungsmittel für das Backrohr,
  (Wahl) die Kochstelle, die Spüle und die Küchenfronten.

  Station 3: Stelle „Hotdogs" nach Arbeitsanleitung her und bereite
  (Pflicht) das Backblech umweltbewusst vor.

  Station 4: Reinige das Backblech und das Backrohr mit Bürste und
  (Pflicht) Spülmittellauge.
  Eine Gruppe pflegt die Chromarganspüle mit Essig, die andere mit flüssigem Scheuermittel. Vergleicht die Ergebnisse!

(m) 2 Schlage im Glossar den Begriff „Tenside" nach.

(m) 3 Bewerte den Einsatz von Reinigungsmitteln unter dem Aspekt Umweltschonung. Lies dazu Seite 36.

Weniger Reiniger, weniger Kosten.

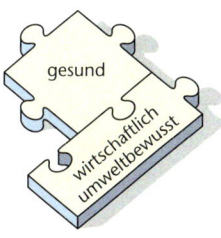

Müll vermeiden ist besser als Wiederverwertung

Laut Statistik produziert jeder Kleinbürger pro Jahr das Fünffache seines Körpergewichts an Müll

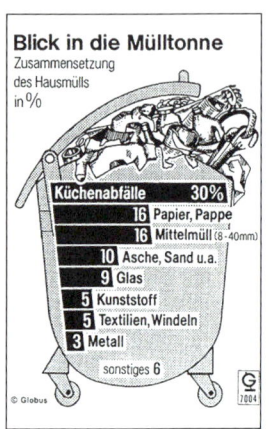

Täglich ein Kilo Müll
Wenn du eine Mülldeponie oder Müllverbrennungsanlage besuchst, wird dir erst das Ausmaß der Müllmenge bewusst.
Dreihundert bis vierhundert Kilo im Jahr, das ist etwa ein Kilo täglich, trägt jeder von uns dazu bei.
Niemand will in der Nähe solcher Anlagen wohnen, nicht zuletzt wegen der schädlichen Stoffe, die bei der Mülldeponie in Boden und Grundwasser gelangen und bei der Müllverbrennung in die Luft entweichen.

Bauxit, der Rohstoff für die Herstellung von Aluminium, wird unter großem Energie- und Landschaftsverbrauch abgebaut.

Müll vermeiden
Unverpackte Lebensmittel kaufen.
Verpackungen im Geschäft zurücklassen.
Mehrweg- und Nachfüllpackungen bevorzugen.
Mehrfachverpackungen vermeiden.
Briefkasten mit Aufkleber versehen: „Bitte keine Werbung".
Auf Aluminium möglichst verzichten.

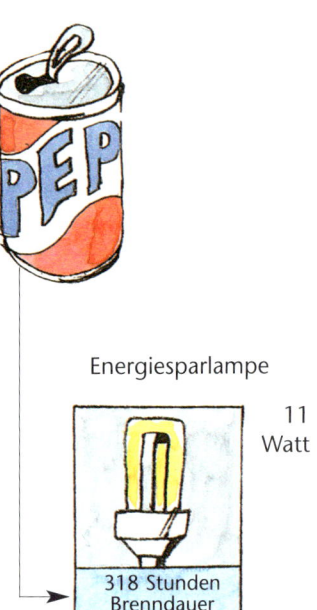

Bei der Herstellung einer Aluminiumdose wird so viel Energie verbraucht

Müll trennen und wieder verwerten (Recycling)
Kompostieren kann man Obst- und Gemüsereste, zerdrückte Eierschalen, Teereste, Gartenabfälle (Laub, verwelkte Blumen). Es entsteht wertvoller Humus.
Der Hausmüll kann auf diese Weise um etwa 30 % verringert werden.
Wieder verwertet werden vor allem Glas, Papier, Metalle und Textilien, da sie wertvolle Rohstoffe enthalten. Außerdem lässt sich durch die Wiederverwertung viel Energie einsparen. Der Hausmüll kann auf diese Weise um etwa 40 % verringert werden.

Müll vermeiden ist besser als Wiederverwertung

Sondermüll
Sondermüll ist Gefahrenmüll und wird auf Sondermülldeponien gelagert oder in besonderen Verbrennungsanlagen verbrannt. Zum Sondermüll zählen zum Beispiel Medikamente, Batterien, Farben, Reinigungsmittel, Klebstoffe, Lösungsmittel und Altöl.

Der grüne Punkt
Der grüne Punkt ist nur auf Einwegverpackungen zu finden. Er bedeutet, dass die Industrie für diese Verpackungen die Verwertung garantiert – mehr nicht.

Beim Herstellen der Fruchttörtchen kannst du beweisen, wie umweltbewusst du die Zubereitung durchführen kannst.

Wiederverwertbar sind:

Gläser und Flaschen (ausgespült, ohne Metallverschlüsse) **Neuglas** (bei der Wiederverarbeitung werden 25 % Rohstoffe und Energie gespart)

Papier **Umweltschutzpapier** z. B. Schreibpapier und Toilettenpapier

Metall (Aluminium, Weißblech) zu **Aluminium** Bei der Wiederverarbeitung werden 95 % Energie gespart: geringere Luftverschmutzung

Kunststoff zu **Kunststofferzeugnisse** für Industrie und Handel

Frucht-Muffins in All-in-Methode

Zutaten	Arbeitsschritte
250 g Mehl 2 Teel. Backpulver 125 g Zucker 1 Vanillezucker evtl. abgeriebene Zitronenschale 125 g Butter, 1 Prise Salz 3 Eier, 2 – 4 Essl. Milch	Zutaten in der angegebenen Reihenfolge bis auf die Milch in die Rührschüssel geben und mit dem elektrischen Handrührgerät durchrühren, zugeben und Teig verrühren.
Obst nach Wahl, z. B. Kirschen Papierförmchen evtl. Puderzucker	vorbereiten jeweils zwei Förmchen ineinandersetzen, zu drei Vierteln jeweils mit Teig füllen und Obst aufsetzen. Bei 175 Grad ca. 20 Minuten backen. Mit Puderzucker verzieren.
Tipp: Teigmenge halbieren, 1 Teel. Kakao zugeben und Marmor-Muffins herstellen.	

Fruchtsaftschorle

1 l Fruchtsaft 1 l Mineralwasser	Fruchtsaft und Mineralwasser mischen.

Aufgaben

1. Erkundige dich, wie du an deinem Wohn- und Schulort Müll entsorgen kannst.
2. Sortiere und benenne den anfallenden Müll.
3. Überlege, wie du Aluminium in der Schulküche und im Haushalt einsparen kannst.
4. Schlage auf Seite 101 die sichere Handhabung des elektrischen Handrührgerätes nach.
5. Gestalte ein Plakat zum Kreislauf des Mülls.

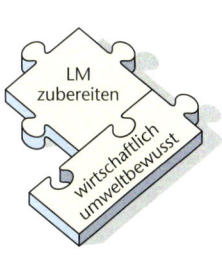

Hilfen beim Einkauf von Lebensmitteln

Nur wer Qualität richtig beurteilen kann, kauft richtig ein.

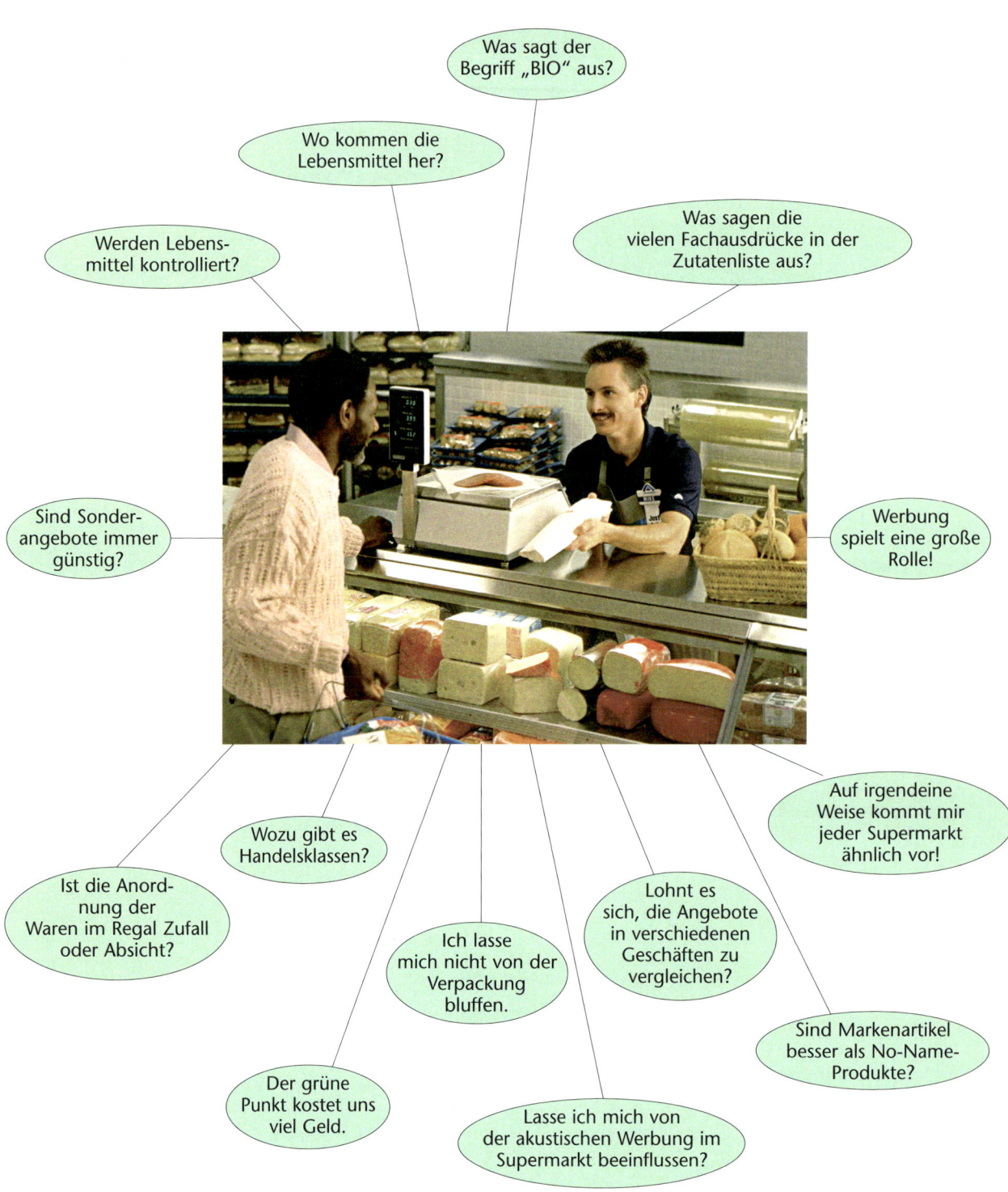

- Was sagt der Begriff „BIO" aus?
- Wo kommen die Lebensmittel her?
- Was sagen die vielen Fachausdrücke in der Zutatenliste aus?
- Werden Lebensmittel kontrolliert?
- Sind Sonderangebote immer günstig?
- Werbung spielt eine große Rolle!
- Ist die Anordnung der Waren im Regal Zufall oder Absicht?
- Wozu gibt es Handelsklassen?
- Ich lasse mich nicht von der Verpackung bluffen.
- Lohnt es sich, die Angebote in verschiedenen Geschäften zu vergleichen?
- Auf irgendeine Weise kommt mir jeder Supermarkt ähnlich vor!
- Sind Markenartikel besser als No-Name-Produkte?
- Der grüne Punkt kostet uns viel Geld.
- Lasse ich mich von der akustischen Werbung im Supermarkt beeinflussen?

Hilfen beim Einkauf von Lebensmitteln

Der Kunde kann heute aus einer unübersehbaren Vielfalt an Konsumwaren aus aller Welt auswählen. Diese verwirrende Fülle kann nur der informierte Verbraucher überblicken und bewerten. Er muss ein Grundwissen über gesetzliche Bestimmungen haben, Hilfen zum Qualitäts- und Preisvergleich kennen und über Möglichkeiten zum umweltbewussten Einkauf Bescheid wissen, um Entscheidungen treffen zu können.

Knusperriegel als Pausen-Snack sind sehr beliebt. Das Angebot im Handel ist entsprechend groß. Lohnt es sich da überhaupt, Knusperriegel selbst herzustellen?

Naturbelassene Lebensmittel sind gesund.

Knusperriegel – Power für Körper und Geist

Zutaten	Arbeitsschritte
50 g Haselnüsse 50 g Kürbiskerne 100 g Feigen 50 g Sonnenblumenkerne 50 g Trockenpflaumen	grob hacken
2 Äpfel	raspeln
150 g Weizenvollkornmehl 150 g Haferflocken	in eine Schüssel geben
¼ Liter Wasser 5 Essl. Sonnenblumenöl	zugeben und alle Zutaten untermischen
1 Prise Salz 1–2 Essl. Honig 1 Teel. Zimt	zugeben, abschmecken und alles zu einem Teig verkneten
	Masse auf ein mit Backtrennpapier belegtes Blech aufstreichen. Bei 180 °C ca. 30 Minuten backen. Noch warm in Portionen schneiden.

Tipp: Knusperriegel als Vorrat in Blechdose lagern.

Bevorzuge naturbelassene Süßungsmittel.

Aufgaben

1 Nenne Angaben auf verpackten Lebensmitteln und erkläre.

2 Vergleiche den gekauften mit dem selbst hergestellten Knusperriegel unter den Aspekten Gesundheit und Preis.

Ⓜ 3 Sammle Verpackungen bis zum nächsten Hauswirtschaftsunterricht. Vergleiche die Aufschriften.

Ⓜ 4 Informiere dich im Internet unter dem Stichwort „Lebensmittelkennzeichnung" und berichte.

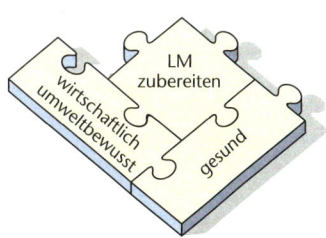

1 Planen und Beschaffen

Diese fünf Angaben müssen deutlich sichtbar auf der Packung stehen:

Zutaten
Firma
Menge
Mindesthaltbarkeit
Name (= Inhalt)

Nicht auf der Verpackung stehen müssen:
- der Energie- und Nährstoffgehalt,
- der Preis.
  Wenn er nicht auf der Verpackung steht, muss er am Verkaufsregal angebracht sein.

Der Strichkode

Er enthält in verschlüsselter Form Angaben über Herkunftsland, Hersteller und Art der Ware. Moderne Kassen können den Kode lesen und damit z. B. den Preis ausdrucken.

Lebensmittelrecht und Verbraucherschutz

Eine gute, sichere und preiswerte Versorgung mit Lebensmitteln ist heute für uns in Deutschland und in der europäischen Gemeinschaft eine Selbstverständlichkeit.
Der Verbraucherschutz bei Lebensmitteln in Deutschland und Europa ist auch im europäischen Binnenmarkt gesichert durch einheitliche, in allen Mitgliedsstaaten geltenden Vorschriften zur Lebensmittelsicherheit, zur Kennzeichnung und zur amtlichen Lebensmittelüberwachung – vom landwirtschaftlichen Urprodukt bis zur Fertigware.

Gesetzliche Kennzeichnung bei Lebensmitteln: das Etikett

Damit der Kunde weiß, was in der Verpackung ist, müssen Lebensmittel gekennzeichnet sein.

Sorte
z. B. Roh- oder Vorzugsmilch, Vollmilch, teilentrahmte oder fettarme Milch

Füllmenge in Liter, Kilogramm, Gramm
z. B. 1 Liter

Fettgehalt
z. B. Vollmilch, naturbelassen im Fettgehalt, aber mindestens 3,5 % Fett; Vollmilch mit Fettgehalt von 3,5 % Fett; teilentrahmte (fettarme) Milch, Fettgehalt 1,5 % Fett; entrahmte Milch, Fettgehalt 0,3 % Fett

Zusätzliche Angaben
pasteurisiert: Milch wird schonend erhitzt (mindestens 71 °C, höchstens 85 °C) und sofort wieder abgekühlt. Krankheitserreger in der Milch werden dabei unschädlich gemacht.
homogenisiert: Die Fettkügelchen der Milch werden zerteilt, damit sich das Milchfett nicht als Rahmschicht absetzt.

Mindesthaltbarkeitsdatum
gekühlt mindestens haltbar bis

Zutatenliste
informiert über die Zusammensetzung des Produkts. Die Aufzählung wird angeführt von der Zutat mit dem größten Gewichtsanteil.

Kennzeichnung bei Gentechnik in Lebensmitteln

Ab 18. April 2004 müssen nach der EU-Verordnung alle gentechnisch veränderten Lebensmittel gekennzeichnet werden. Z. B. steht dann in der Zutatenliste auf einem Jogurt „mit gentechnisch veränderten Bakterien".
Dagegen ist Milch von Tieren, die mit gentechnisch verändertem Futtermittel gefüttert wurden, nicht „aus", sondern „mit" gentechnisch veränderten Organismen hergestellt. Diese Produkte sind nicht kennzeichnungspflichtig.

 Die Lebensmittelkennzeichnung informiert und schützt.

 Der kluge Kunde liest die Zutatenliste genau.

Qualitätskennzeichen und Handelsklassen

Obst und Gemüse aller Klassen müssen ganz, sauber, gesund, trocken, frei von fremdem Geruch und Geschmack und reif sein.

Beim Einkauf der Zutaten für Vanilleäpfel triffst du die Entscheidung über die geeignete Handelsklasse (s. Seite 125), die Apfelsorte (möglichst einheimisch), die Darbietung (möglichst unverpackt), die Milchsorte und die Vanillesoße: du kannst sie selbst herstellen oder zur Fertigpackung greifen.

Zutatenliste: Stärke, Speisesalz, Aroma
Farbstoffe: Lactoflavin E 101 Norbixin E 160b

E 100 – 180 sind Farbstoffe.
Das große „E" kennzeichnet im gesamten EU-Raum genehmigte Zusatzstoffe.

Vanilleäpfel

Zutaten	Arbeitsschritte
4 mittelgroße, säuerliche Äpfel	waschen, Kernhaus *ausstechen*, schälen
zum Sud: bis ³/₈ Liter Wasser 1 ungespritzte Zitrone (Schale und Saft) wenig Süßungsmittel	zum Kochen bringen, Äpfel darin *dünsten*, sollen bissfest bleiben
Fülle: 2 Essl. Preiselbeeren	Äpfel *füllen*, auf Dessertteller geben
für die Soße: 1 P. Vanillesoßenpulver	nach Aufschrift zubereiten
Tipp: Bei der selbst hergestellten Vanillesoße mit Vanilleschote (S. 137) kannst du künstliches Aroma und die Farbstoffe vermeiden.	

Preis- und umweltbewusstes Verhalten

Preise sind auf dem Produkt selbst, am Warenregal oder auf einer Preistafel ersichtlich. Nur gleiche Produkte und gleiche Mengen lassen einen Preisvergleich zu.

Aufgaben

1 Begründe, weshalb bei Milch die Zutatenliste fehlt.

2 Suche zu jeder Handelsklasse für Obst und Gemüse Rezepte.

3 Bringe Wissen aus Arbeit – Wirtschaft – Technik zum Einkaufen ein.

4 Fasse dein Wissen mit dem interaktiven Lernprogramm „Kennzeichnung von Lebensmitteln" zusammen.

Ⓜ 5 Stelle Gemeinsamkeiten und Unterschiede bei der Lebensmittelkennzeichnung von verpackten und offenen Waren heraus.

Ⓜ 6 Informiere dich im Internet unter **www.aid.de** über die Vorschriften zur Gentechnik-Kennzeichnung und berichte.

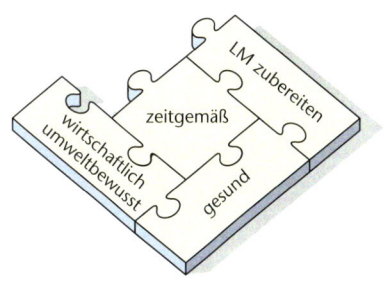

1 Planen und Beschaffen

Erst planen, dann einkaufen

Nächste Woche besuchen uns Schüler/-innen und Lehrer/-innen aus dem Nachbarort. Unser Rektor möchte die Gäste bewirten. Dafür stehen uns 20 Euro von der Schulleitung zur Verfügung. Kuchen eignen sich zu diesem Anlass ganz gut. Wir brauchen fünf Kuchen und planen den Einkauf.

Überlegungen vor dem Einkauf

Wir sehen im Vorratsschrank nach und finden Mehl, Backpulver, Zucker und Salz. Auch Tortenspitzen zum Anrichten sind noch vorhanden; nur Servietten brauchen wir noch. Die übrigen Zutaten kaufen wir frisch. Das Obst suchen wir nach Saison und Eignung aus. Sollte das Frischobst sehr teuer sein, entscheiden wir uns für Obst in der Konserve. Die Wahl der Obstsorte lassen wir noch offen, damit wir Angebote und Preise vergleichen können.
Es lohnt, sich ein paar Minuten Zeit zu nehmen und einen Einkaufszettel zu schreiben.
Kennt man das Geschäft, schreibt man den Einkaufszettel gleich so, wie die Abteilungen im Geschäft angeordnet sind. Das spart Wege!

Ein Einkaufszettel spart Zeit, Kraft und Geld.

Verhalten beim Einkauf

Der wirtschaftlich denkende Kunde kauft nach Einkaufszettel ein und widersteht damit der Versuchung, mehr einzukaufen, als er braucht. Und er vergisst auch nichts! Er nimmt sich Zeit und vergleicht die Regalstufen z. B. bei Eiern und Obstkonserven. Für das Haushaltsbuch nimmt er immer den Kassenbon mit. Für den Transport verwendet er einen Einkaufskorb statt Plastiktüten.

Ein- und Ausgaben gegenüberstellen

Damit wir die Einnahmen und Ausgaben besser überblicken, führen wir ein Haushaltsbuch. Zuverlässig werden hier die einzelnen Posten in die Rubriken eingetragen, die Ausgaben addiert und der aktuelle Kassenstand ermittelt.

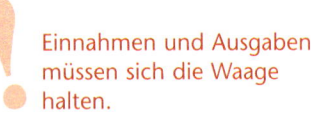

Einnahmen und Ausgaben müssen sich die Waage halten.

Einnahmen €	Ausgaben €	Summe Ausgaben €	Kassenstand €
20,00 (Schulleiter)	2,50 1,50	14,89	18,89
	4,00	14,89	1,11
5,00 (Spende)	–	–	6,11

Erst planen, dann einkaufen

Auswertung des Einkaufs

Bei Obstkonserven lesen wir vom Etikett die Füll- und Abtropfmenge zum Preisvergleich. Beim frischen Obst achten wir auf die Qualitätsmerkmale wie Frische und Handelsklasse. Der Verwendungszweck bestimmt die Auswahl der Klasse (s. Seite 125).
Für den Apfelschlupfkuchen genügt die Klasse II. Den höheren Preis für Eier aus ökologischer Erzeugung akzeptieren wir. Die Butter stammt aus einer Molkerei unserer Umgebung.

Eierqualitäten
Gewichtsklassen
für Eier der Güteklasse A

63 g bis unter 73 g bisher Gew.-Kl. 2 | 53 g bis unter 63 g bisher Gew.-Kl. 3 | unter 53 g bisher Gew.-Kl. 4/5

Obstschlupfkuchen in All-in-Methode

Zutaten	Arbeitsschritte
500 – 750 g Obst der Saison, z. B. Kirschen, Äpfel, Birnen, Aprikosen, Zwetschgen	waschen und vorbereiten, z. B. Äpfel schälen, vierteln, Kernhaus entfernen; Apfelviertel auf der Oberseite mit dem Messer oder einer Gabel einritzen
¹/₂ Zitrone	beträufeln
250 g Mehl 2 Teel. Backpulver 125 g Zucker 1 Pckg. Vanillezucker 125 g Butter oder Margarine 1 Prise Salz 3 Eier	Zutaten in der angegebenen Reihenfolge in die Rührschüssel geben und mit dem elektrischen Handrührgerät – erst auf Stufe 1, dann auf Stufe 3 – kurz durchrühren.
2 – 4 Essl. Milch	zugeben und Teig verrühren. Der Teig soll schwer reißend vom Löffel fallen
	Teig in gefettete Springform füllen und mit Obst belegen.
	Bei ca. 175 °C etwa 40 Minuten backen. Kuchen kurz auskühlen lassen, vom Rand lösen.
Puderzucker	zum Bestäuben

Für alle Rezepte genügen Eier der Gewichtsklasse **M**.

Aufgaben

1 Berechne die benötigten Mengen für die fünf Kuchen.

2 Vergleicht die Lebensmittel in der Qualität und im Preis.

3 Führt in jeder Unterrichtseinheit das Haushaltsbuch weiter.

4 Bewertet den Einkauf unter den Aspekten wirtschaftlich und umweltbewusst.

Ⓜ 5 Gib die fehlenden Posten in die vorgegebene Tabelle im Textverarbeitungsprogramm ein und errechne den Kassenstand.

Ⓜ 6 Informiere dich über Einkaufsquellen (Seite 38/39). Stelle Vor- und Nachteile in einer Tabelle gegenüber.

Ⓜ 7 Begründe die Führung eines Haushaltsbuches. Lies dazu S. 42/43.

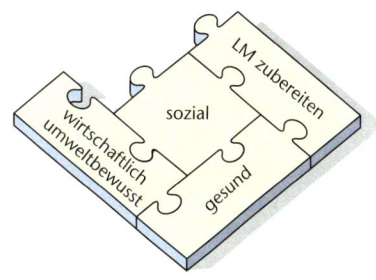

1 Planen und Beschaffen

Freilandhaltung

Bodenhaltung

Qualitätskennzeichen bei Hühnereiern

Tina und Robert bereiten heute das Abendessen zu. Sie wollen Gefüllte Eier auf Salatblättern zubereiten, wie sie es im Unterricht gelernt haben. Im Kühlschrank entdecken sie unverpackte Eier. Ob die Eier noch frisch sind? Für sie ist das kein Problem. Sie testen die Eier auf ihre Frische.

Auf die Frische kommt es an
Um frische Eier von alten zu unterscheiden, gibt es einfache Tests, sowohl bei ganzen Eiern als auch bei aufgeschlagenen Eiern.

Der Schwimmtest
Dazu wird das Ei in ein Glas mit kaltem Wasser gelegt.

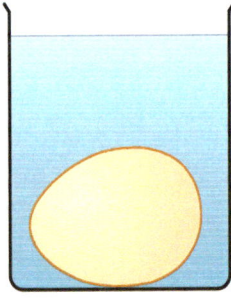 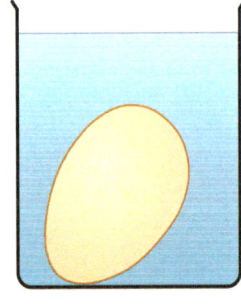 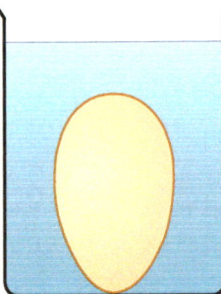

Sinkt das Ei auf den Boden, ist es frisch.   *Dreht sich das stumpfe Ende vom Ei etwas nach oben, ist es einige Tage alt.*   *Steht das Ei mit der stumpfen Seite senkrecht nach oben, ist es etwa 2–3 Wochen alt.*

! Eier immer im Kühlschrank lagern.

Noch ältere Eier schwimmen im Glas oben, da sich die Luftkammer im Ei mit der Zeit vergrößert.

Der Aufschlagtest
Beim frischen Ei ist der Dotter hochgewölbt und das Eiklar deutlich in zwei Zonen geteilt. Bei einem mindestens sieben Tage alten Ei verläuft das Eiklar. Mindestens vier Wochen alt ist ein Ei, wenn der Dotter flach und das Eiklar wässrig ist.

Das Mindesthaltbarkeitsdatum
Die Angabe des Mindesthaltbarkeitsdatums auf der Eierverpackung gibt Aufschluss über das Alter der Eier. Vom Mindesthaltbarkeitsdatum 28 Tage zurückgerechnet, ergibt sich das Legedatum. Für rohe Speisen wie Majonäse, Tiramisu, roh gerührte Creme und Speiseeis eignen sich nur frische Eier, die höchstens zehn Tage alt sind. Es könnten sonst Salmonellen enthalten sein, gefährliche Krankheitserreger (siehe Seite 71).

Qualitätskennzeichen bei Hühnereiern

Der Erzeugerkode gibt Auskunft

Ein umweltbewusster und tierfreundlicher Verbraucher bevorzugt Eier von artgerecht gehaltenen Hühnern. Woher ein Ei kommt, ist auf dem Erzeugerkode zu sehen, der auf jedem Ei aufgedruckt ist. Ab 1. Januar 2004 müssen alle Eier mit einem Stempel gekennzeichnet werden. Die erste Nummer gibt an, wie die Hühner gehalten wurden, dann folgt die Abkürzung für das Herkunftsland und die nachfolgenden Zahlen geben die Stallnummer an. Z.B. sagt der Stempel 0 – DE 345234 aus, dass es sich um Eier aus ökologischer Hühnerhaltung aus Deutschland handelt. Jeder Betrieb ist registriert und hat seine eigene Nummer.

0 Ökologische Erzeugung
1 Freilandhaltung
2 Bodenhaltung
3 Käfighaltung

DE Deutschland
DK Dänemark
ES Spanien
FR Frankreich
IT Italien

Gefüllte Eier auf Salatblättern

Zutaten	Arbeitsschritte
6 – 8 Eier	am runden Ende anpicken, in Wasser legen und 8 – 10 Minuten kochen, dann abschrecken; Eier schälen, längs halbieren, Eidotter herausnehmen, mit der Gabel zerdrücken
50 g magerer Schinken 1 Gewürzgurke	fein würfeln
1 – 2 Sardellen 1 Essl. Kapern	fein hacken
Majonäse etwas Salz und Pfeffer	zugeben, alles vermischen und abschmecken. Eihälften füllen
Tomaten, Kapern, Sardellen- und Paprikastreifen, Majonäsetupfer	verzieren
Salatblätter	anrichten

Tipp: Werden die Eidotter nur mit Majonäse und Gewürzen gemischt, kann die Masse in die Eihälften gespritzt werden.

Kochzeiten/Minuten
weiche Eier 3 – 5,
harte Eier 8 – 10.

Aufgaben

1 Schäle ein gekochtes Ei und zeige, wo die Luftkammer im Ei ist.
2 Beobachte beim Schälen der Eier, welche Schicht zwischen Schale und Ei liegt.
3 Errechne anhand des Mindesthaltbarkeitsdatums auf der Eierschachtel das Legedatum.
4 Begründe den unterschiedlichen Eierpreis von Hühnern aus Käfig- und Freilandhaltung.
5 Hole auf Seite 116 Informationen zur Präsentation von Speisen ein.
6 Informiere dich über die Kennzeichnung bei Hühnereiern.
7 Suche im Internet unter **www.aid.de** Hygienetipps rund ums Ei.

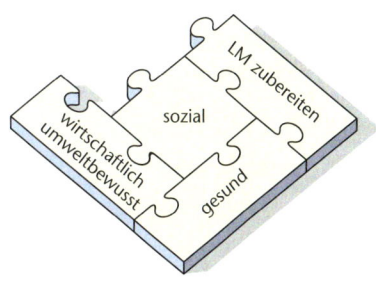

1 Planen und Beschaffen

Aus der Bayerischen Verfassung:

Artikel 141
(1) Der Schutz der natürlichen Lebensgrundlagen ist, auch eingedenk der Verantwortung für die kommenden Generationen, der besonderen Fürsorge jedes Einzelnen und der staatlichen Gemeinschaft anvertraut. Mit Naturgütern ist schonend und sparsam umzugehen. Es gehört auch zu den vorrangigen Aufgaben von Staat, Gemeinden und Körperschaften des öffentlichen Rechts, Boden, Wasser und Luft als natürliche Lebensgrundlagen zu schützen, eingetretene Schäden möglichst zu beheben oder auszugleichen und auf möglichst sparsamen Umgang mit Energie zu achten, die Leistungsfähigkeit des Naturhaushaltes zu erhalten und dauerhaft zu verbessern, den Wald wegen seiner besonderen Bedeutung für den Naturhaushalt zu schützen und eingetretene Schäden möglichst zu beheben oder auszugleichen, die heimischen Tier- und Pflanzenarten und ihre notwendigen Lebensräume sowie kennzeichnende Orts- und Landschaftsbilder zu schonen und zu erhalten.

! Umweltschutz geht alle an.

Einkauf und Umweltschutz

Umwelt ist alles, was uns umgibt: Luft, Boden, Wasser, Pflanzen, Tiere, Menschen.

Aktuelle Meldungen aus den Medien machen uns täglich bewusst, wie sehr unser Wirtschaften, Konsumieren und Verschwenden die Umwelt gefährdet. Belastetes Trinkwasser, schadstoffbelastete Lebensmittel, Giftstoffe, Zunahme von Allergien und Atemwegserkrankungen, geschädigte Wälder und aussterbende Pflanzen- und Tierarten sind die erschreckende Bilanz.

Der Staat erlässt Gesetze und Verordnungen zur Reinhaltung von Luft, Wasser und Boden und zur Abfallbeseitigung. Der Umweltschutz ist auch in der bayerischen Verfassung im Artikel 141 verankert.

Diese Gesetze und Verordnungen können aber nur dann wirksam werden, wenn jeder Einzelne sie unterstützt und in Haushalt, Beruf und Freizeit in die Tat umsetzt.

Die Industrie entwickelt deshalb neue Produktionsverfahren und Produkte, die die Umwelt schonen, indem sie z. B. wenig Energie verbrauchen oder wenig Abfall erzeugen.

Umweltbewusst haushalten

Offene Grenzen und internationale Arbeitsteilung fördern den In- und Export und beleben unsere Wirtschaft. Alles hat seinen Preis! Längere Transportwege belasten unsere Umwelt.

Machen wir uns bewusst, welcher Aufwand an Energie und Verpackung für den Transport erforderlich ist? Umweltschonend ist es, Waren aus weitgehend einheimischer Produktion mit möglichst kurzen Transportwegen zu bevorzugen.

Einkauf und Umweltschutz

Alles zu jeder Zeit – Luxus auf Kosten der Umwelt

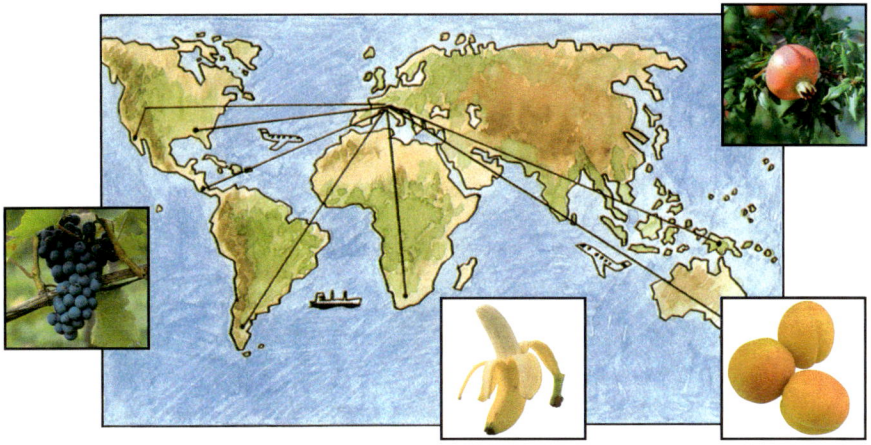

Erdbeeren, Trauben, Bananen, Spargel, Kiwis, Avocados und Mangos können wir das ganze Jahr über bei uns kaufen.
Was nicht bei uns ganzjährig angebaut werden kann, kommt aus anderen Ländern oder anderen Erdteilen.
Obst aus der Region und nach der Saison bietet unter Einbezug der Tiefkühlkost genügend Abwechslung. Mit tiefgefrorenem Vorrat aus der Saison wie Erdbeeren, Himbeeren, Johannisbeeren, Brombeeren wird der Obstsalat zu jeder Zeit bunt. Schließlich isst das Auge mit!

Weite Transportwege belasten die Umwelt.

Fruchtsalat des Monats

Zutaten	Arbeitsschritte
1 kg Obst	waschen, vorbereiten, zerkleinern
1 Zitrone	auspressen
einige Nüsse	dazugeben
Zucker oder Honig	alles vermischen, durchziehen lassen, in Portionsschalen füllen
1 Essl. Knusperflocken	darüberstreuen
evtl. 1/8 Liter Sahne	schlagen und damit garnieren

Aufgaben

1 Suche geeignete Obstsorten für den entsprechenden Monat aus dem Saisonkalender im Anhang, Seite 140.

2 Worauf musst du beim Einkauf von Obst noch achten, wenn du Rücksicht auf die Umwelt nimmst?

3 Schlage auf Seite 89 die Techniken der Vor- und Zubereitung von Obst nach.

m 4 Erstelle eine Mindmap mit Haupt- und Nebenzweigen zum Thema Umweltschutz und Einkauf. Die Abbildung „Sonnenblume" hilft dir dabei.

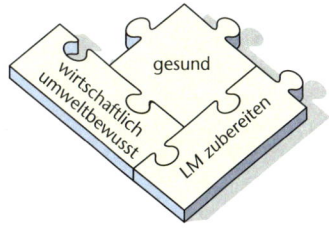

Wir vergleichen Qualität und Preis

Ayse kauft Getränke und die Zutaten für Pizza-Toast ein. Unschlüssig steht sie vor den Regalen. So viele Säfte auf einmal! Und an der Wurst- und Käsetheke ist es nicht anders. Am besten nehme ich einfach die billigsten Produkte. Schließlich ist doch Saft gleich Saft, Wurst gleich Wurst und Käse gleich Käse, oder?

Was verraten die Namen der Getränke über den Inhalt?

Getränk	Fruchtanteil	Wasserzusatz	weitere Zusätze und Herstellung
Fruchtsäfte	100 % Fruchtsaft	–	ohne Kenntlichmachung dürfen 15 g Zucker je Liter zugesetzt werden
Fruchtnektare	25–50 % Fruchtsaft und Fruchtmark	50–75 %	Zuckerzusatz höchstens 20 % Nektare sind im Allgemeinen trüb
Fruchtsaftgetränke	6–30 % Fruchtsaft	70–94 %	Zuckerzusatz 8–11 %
Fruchtsaftlimonaden	3–15 % Fruchtsaft	85–97 %	Zuckerzusatz mindestens 7 %, Aromastoffe, z. T. kohlensäurehaltig
Limonaden	–	ca. 99 %	kohlensäurehaltig, Colagetränke sind coffeinhaltig, künstliche Essenzen, Farb- und Süßstoffe

Qualität hat ihren Preis.

Viel Zucker teuer bezahlt!

Geschmackstest
Teste deinen Geschmack in der Gruppe. Ein Teil kennt die Etiketten, die anderen sind die Testpersonen.

Farbe
knallig, schwach, hell, dunkel, kräftig, orange, gelb …

Geschmack
fruchtig, süß, sauer, künstlich, wässrig …

Geruch
intensiv …

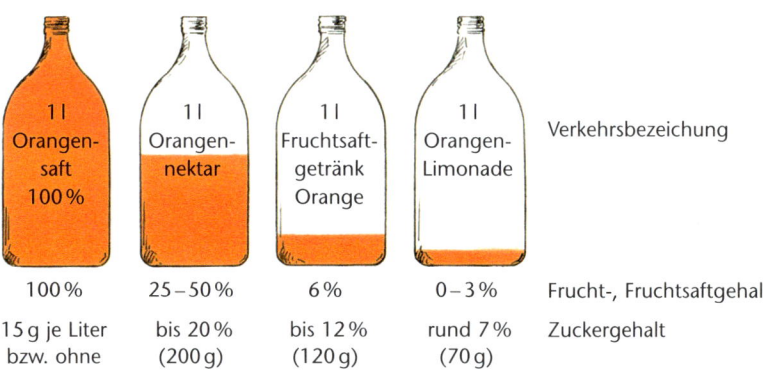

Saftflaschen

	1 l Orangensaft 100 %	1 l Orangennektar	1 l Fruchtsaftgetränk Orange	1 l Orangen-Limonade	Verkehrsbezeichnung
	100 %	25–50 %	6 %	0–3 %	Frucht-, Fruchtsaftgehalt
	15 g je Liter bzw. ohne	bis 20 % (200 g)	bis 12 % (120 g)	rund 7 % (70 g)	Zuckergehalt

Wenn du 100 % ungesüßten Fruchtsaft mit Mineralwasser mischst, dann bestimmst du selbst das Mischungsverhältnis und beeinflusst damit auch den Preis deines Getränks. Limonaden sind keine hochwertigen Getränke, weil sie oft künstliche Essenzen sowie Farb- und Süßstoffe enthalten, die unter Umständen allergische Reaktionen hervorrufen.

1. Achte auf versteckten Zucker in Getränken
2. Meide leere Kohlenhydrate (Fabrikzucker, Stärke)
3. Bevorzuge zuckerarme bzw. zuckerfreie Getränke
4. Nicht vergessen: Achte auf umweltfreundliche Verpackung!

Wir vergleichen Qualität und Preis

Bewerten mit allen Sinnen

Qualität ist mit den Sinnen überprüfbar. Das kannst du beim Kosten der verschiedenen Lebensmittel testen. Der Fachmann nennt das sensorisches Prüfen.

Sehen Riechen Tasten Hören Schmecken Denken

Mit den Augen sehen wir Farbe, Form, Frische und Herkunft.
Mit der Nase riechen wir, z. B. angenehmer oder unangenehmer Geruch, duftig, frisch, fruchtig, künstlich, alt, verdorben.
Mit den Fingern ertasten wir Beschaffenheit und Reife.
Mit der Zunge schmecken wir süß, salzig, sauer, bitter.
Mit den Ohren hören wir die Beschaffenheit und die Reife.
Mit unserem Gehirn denken wir und informieren uns z. B. in der Zutatenliste, vergleichen Produkte und treffen eine Auswahl.

Geschmackstest

Wurst	fett	mager
	weich	fest
	fettig	intensiv
Käse	fett	mager
	weich	fest
	saftig	trocken

Fettgehalt und Preis

fette Wurst	billig
fettarmer Käse	
fettarme Wurst	teuer
fettreicher Käse	

Pizza-Toast

Zutaten	Arbeitsschritte
8 Scheiben Toastbrot	leicht toasten
etwas Butter	bestreichen
8 Scheiben Salami	auflegen
4 Tomaten	in Scheiben schneiden, verteilen
1 grüne Paprikaschote	in Streifen schneiden, verteilen
Salz, Pfeffer Oregano oder Majoran	würzen
8 Scheiben Toastkäse	darüberlegen
	Bei ca. 200 °C auf höchstem Einschub überbacken. Sofort servieren

Variationen: Statt Wurst z. B. Tunfisch, Gemüse oder Obst der Saison

Aufgaben

1. Teste die Getränke aus der Tabelle nach Geschmack, Geruch und Aussehen. Vergleiche mit den Angaben in der Tabelle „Geschmackstest".
2. Vergleiche Käse (fettreich/fettarm) beim Überbacken.
3. Begründe, weshalb ein cleverer Kunde Fruchtsaft und Mineralwasser und zudem noch Mehrwegflaschen bevorzugt.
4. Informiere dich im Geschäft, warum fette Wurstwaren billiger und fette Käsesorten teurer sind und berichte.
5. Lies Seite 38 durch und nenne Einkaufsquellen, bei denen du fachlich beraten wirst.

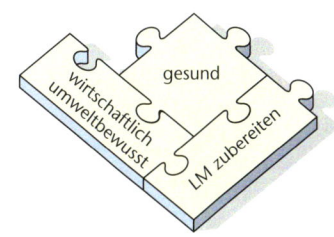

1 Planen und Beschaffen

Kontrollierter Wasser- und Energieverbrauch

Diana: „In Biologie haben wir gelernt, dass der Mensch zwei bis drei Liter Flüssigkeit täglich braucht."
Thomas: „Ich habe gehört, dass die Trinkwasservorräte knapp werden. Ein Mensch soll 140 Liter Wasser am Tag verbrauchen."
Diana: „Da kann doch etwas nicht stimmen!"

Täglicher Pro-Kopf-Verbrauch

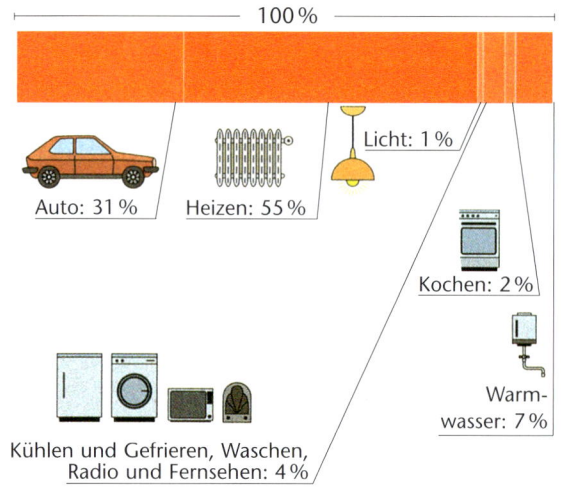

Energieverbrauch im Haushalt

Gewässerschutz schont die Umwelt.

Sauberes Wasser ist kostbar
Fließendes sauberes Wasser zu jeder Zeit ist für uns selbstverständlich und wir verbrauchen es oft gedankenlos. Die Werbung empfiehlt eine Vielzahl an Reinigern, die im Haushalt für Hygiene sorgen sollen. Nach Gebrauch gelangen sie ins Abwasser. Die Haushalte belasten das Wasser mit Schadstoffen, aber auch Industrie, Verkehr und Landwirtschaft. Komplizierte, kostspielige Verfahren sind nötig, um das Trinkwasser wieder aufzubereiten.

Wasser sparen heißt Geld sparen.

Wasser verwenden – nicht verschwenden
Verwende Wasser sparsam.
Lasse tropfende Wasserhähne abdichten.
Ein tropfender Wasserhahn mit einem Tropfen pro Sekunde lässt pro Tag 17 Liter Wasser auslaufen.
Führe Reinigungsarbeiten sofort mit Wasser und mechanischen Mitteln durch.
Bevorzuge milde Reinigungsmittel, z. B. Neutralseife, Essig.
Nimm Wasch- und Spülmaschine nur voll beladen in Betrieb.

Wasser ist Lebensgrundlage für Pflanze, Tier und Mensch.

Kontrollierter Wasser- und Energieverbrauch

Energie sinnvoll nutzen

Energie ist für das Wohlbefinden des Menschen notwendig. Ohne Strom, Gas, Öl und Benzin wäre unser Leben nicht so angenehm. Unsere Energiequellen sind aber nicht unerschöpflich. Wir können heute schon abschätzen, wie lange z. B. der in tiefen Erdschichten gelagerte Ölvorrat noch reichen wird. Bei gleich bleibender Jahresförderung reichen die zurzeit bekannten Reserven insgesamt noch knapp 43 Jahre. Energiegewinnung und -verbrauch belasten außerdem die Umwelt durch Abfallprodukte wie radioaktiven Müll und Abgase.

Energiesparen geht uns alle an

Verbrauche wenig Warmwasser.
Benutze gut schließende Töpfe.
Verwende wo möglich den Dampfdrucktopf.
Setze die Mikrowelle bei der Zubereitung von kleinen Portionen ein.
Öffne Kühl- und Tiefkühlschrank nur kurz.

Eine Kilowattstunde Strom verbraucht

- ein E-Herd beim Zubereiten eines Essens für vier Personen oder
- eine Waschmaschine mit einer Beladung von insgesamt 5 kg oder
- ein 150-Liter-Kühlschrank in zwei Tagen,
- ein Farbfernseher an zwei Abenden oder
- ein CD-Player in 40 Stunden.

Herkömmlicher Topf und Schnellkochtopf im Vergleich: Zeit- und Energieverbrauch

Hier ein Zeitvergleich (Min.):

Erbsensuppe: Herkömmlicher Kochtopf 135, Schnellkochtopf 120, Zeitersparnis 15
Rouladen: Herkömmlicher Kochtopf 100, Schnellkochtopf 83, Zeitersparnis 17

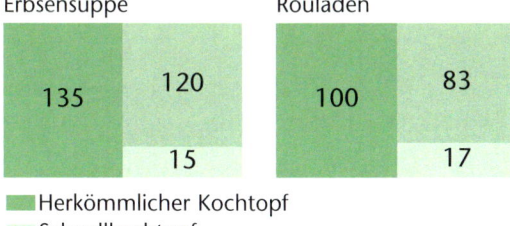

Und hier die Energieersparnis (%):

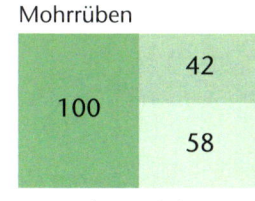

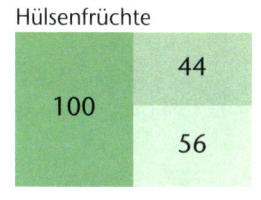

Mohrrüben: Herkömmlicher Kochtopf 100, Schnellkochtopf 58, Energieersparnis 42
Hülsenfrüchte: Herkömmlicher Kochtopf 100, Schnellkochtopf 56, Energieersparnis 44

Aufgaben

1. Was sagen die Werte in den beiden Schautafeln über den Wasser- und Energieverbrauch aus?
2. Wer verursacht die Wasserverschmutzung?
3. Wie kannst du in der Schulküche und im privaten Haushalt umweltbewusst mit dem geliehenen Rohstoff Wasser umgehen?
4. Woher kommt das Trinkwasser in deiner Gemeinde und was kostet ein Kubikmeter Wasser? Erkundige dich auch nach dem Preis für eine Kilowattstunde Strom.
5. Warum ist der Einsatz des Schnellkochtopfes ökonomisch und ökologisch? Beziehe die Säulendiagramme mit ein.
6. Welche Speisen (s. Rezeptteil) eignen sich zum Druckgaren?

Zusatzaufgabe: Informiere dich im Internet über aktuelle Wasser- und Energiespartipps.

Geläufige Begriffe:
- umweltbewusst oder ökologisch
- wirtschaftlich oder ökonomisch

1 Planen und Beschaffen

Einkaufsquellen im Vergleich

Ein kluger Kunde bedenkt:
- die Art und Menge des Einkaufs,
- die Entfernung,
- die zur Verfügung stehende Zeit,
- Angebot und Beratung,
- finanzielle Möglichkeiten,
- persönliche Bedürfnisse.

Es gibt unterschiedliche Arten von Einkaufsstätten, in denen man die Waren für den täglichen und langfristigen Bedarf kaufen kann. *Wochenmärkte* finden an hierfür ausgewiesenen Plätzen zu bestimmten Wochentagen und während festgesetzter Zeiten statt. Die frische und gute Qualität ist zudem oft auch noch billig.

Wochenmarkt

Gemischtwarenläden, so genannte „Tante-Emma-Läden", sind kleine Geschäfte in Stadtvierteln, Kleinstädten und Dörfern, die Waren des täglichen Bedarfs zu relativ hohen Preisen anbieten. Die persönliche Bedienung schätzen besonders ältere Menschen. Die Zahl der Läden ist rückläufig, wegen der Konkurrenz der Supermärkte.

Fachgeschäfte haben sich auf bestimmte Warengruppen spezialisiert. Sie halten ein reichhaltiges Sortiment an mittleren bis hohen Qualitäten und Preisen bei fachkundiger Beratung vor.

„Tante-Emma-Laden"

Fachgeschäft

Supermarkt

Supermärkte bieten in Selbstbedienung Lebensmittel sowie Artikel für den Haushalt an. In den Frischwarenabteilungen kann der Kunde mit Bedienung rechnen. Viele Supermärkte sind Zweigstellen finanzstarker Filialketten und können daher preisgünstig anbieten.

Einkaufsquellen im Vergleich

Discountläden bieten ein begrenztes Sortiment an. Durch Großeinkauf, Verzicht auf werbewirksame Darbietung sowie geringe Personalkosten können die Preise niedrig gehalten werden.

Kaufhäuser und Einkaufszentren bieten auf großen Verkaufsflächen ein reichhaltiges Warensortiment verschiedener Branchen zu niedrigen Preisen an. Meist sind auch Restaurant, Frisör und Tankstelle angeschlossen. Parkplätze sind zwar reichlich vorhanden, es müssen aber weitere Anfahrtswege in Kauf genommen werden.

Kaufhaus

Kauf an der Wohnungstür

Versandhäuser bieten Artikel unterschiedlicher Art. Bestellt und gekauft wird per Bestellschein, Telefon, Fax oder Internet. Die Preise bleiben während der Gültigkeit des Katalogs stabil.

Beim *Kauf an der Wohnungstür* ist besondere Vorsicht geboten, denn ein Preisvergleich ist hier nicht möglich. Verträge sollten erst nach Überprüfung unterschrieben werden.

Online-Einkauf via Internet kann Zeit sparen und ist bei Waren aller Art heute möglich. Es empfiehlt sich aber ein Preisvergleich. Auch Kosten für Versand und Zahlungsweise fallen an. Aus Sicherheitsgründen sollte nicht mit Kreditkarte bezahlt werden.

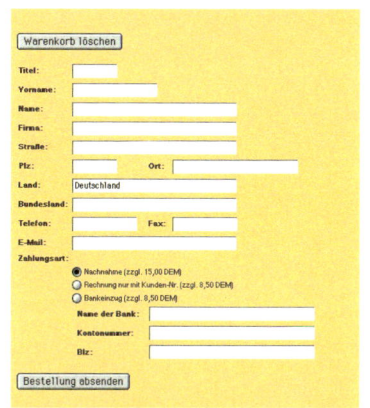

Kauf per Internet

Aufgaben

1. Ordne die Einkaufsstätten deiner Wohngegend den Sammelbezeichnungen zu.
2. Nenne Geschäfte mit fachkundiger Beratung.
3. Stelle Vor- und Nachteile des Online-Einkaufs heraus.

1 Planen und Beschaffen

Verkaufsstrategien durchschauen

Jeder von euch weiß aus Erfahrung, dass man besonders in Selbstbedienungsläden leicht zusätzliche, meist unnötige Einkäufe tätigt. Dies ist nicht Zufall, sondern Absicht. Im Geschäft sind gut geschulte Verkaufspsychologen am Werk.

Die Anordnung der Waren im Supermarkt

Für den Käufer ist der Weg durch den Supermarkt vorbestimmt. Ziel ist es, ihn an möglichst vielen Waren vorbeizuführen, um dadurch Spontaneinkäufe zu provozieren. Da die meisten Menschen Rechtshänder sind, platziert der Geschäftsmann teure Ware immer rechts. Frischwaren des täglichen Bedarfs werden meist in der äußersten Ecke des Geschäfts angeboten.

Übrigens – hast du gewusst, dass der Einkaufswagen deshalb so groß und tief ist, damit du nicht so schnell merkst, wie viel du bereits eingekauft hast?

Der Weg des Kunden durch den Supermarkt

- ● Gefragte Artikel wie Käse, Fleisch, Wurst, Milchprodukte
- ● Artikel, die fast täglich eingekauft werden, wie Brot + Gebäck, Obst + Gemüse
- ● Stopper und Schüttelkörbe mit Sonderangeboten
- ● Gondeln im Kassenraum

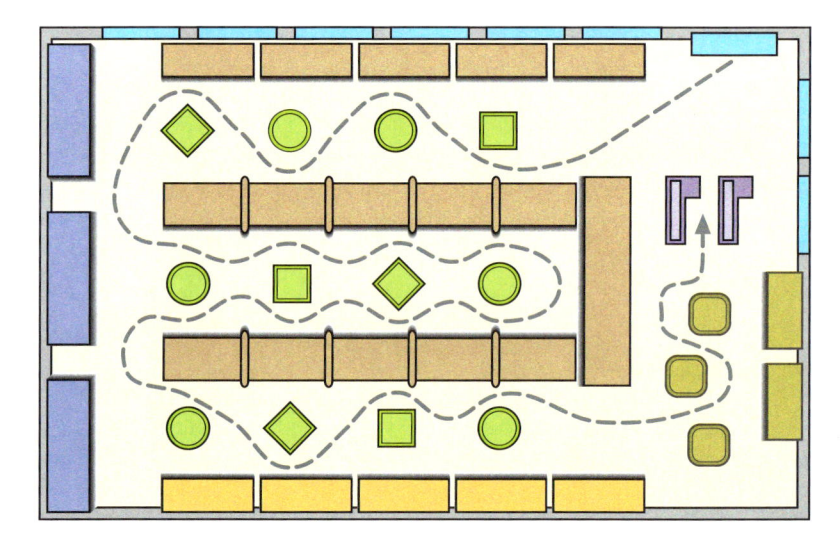

Griff nach rechts   *Teure Ware für eilige Kunden*

Die teuersten Waren befinden sich im Regal in Sicht- und Griffhöhe, nach den billigen muss man sich bücken.

Spiegel täuschen Warenfülle vor und Spezialbeleuchtung lässt die Lebensmittel besonders frisch und appetitlich erscheinen. Schüt-

Verkaufsstrategien durchschauen

telkörbe und Wühltische stoppen den Kunden und machen ihn neugierig auf die präsentierten Waren, die bei näherer Betrachtung keine „echten" Sonderangebote sind. Das Herausstellen von Sonderangeboten erweckt den Eindruck, dass man auch sonst preiswert in dem Geschäft einkauft. Viele Billigangebote sind jedoch nur deshalb möglich, weil andere Waren dafür teurer verkauft werden.
Überprüft kritisch den Preis, die Füllmenge und das Mindesthaltbarkeitsdatum. Die musikalische Berieselung soll eine angenehme entspannte Atmosphäre schaffen und die Kauflust anregen. Bei den Waren an der Kasse greifen Erwachsene und Kinder gerne noch mal zu; vorwiegend sind hier Tabak und Süßwaren aufgebaut.

Einfluss der Werbung

Werbung begegnet uns überall und geworben wird für alle Produkte. Werbefachleute wollen durch Plakate, Werbespots, Lautsprecheransagen, Kostproben oder Befragungen auf Produkte aufmerksam machen und diese von der besten Seite präsentieren. Auch die Verpackung spielt in der Werbung eine große Rolle. Oft soll uns durch übertriebene Verpackung eine größere Menge Inhalt vorgetäuscht werden, als tatsächlich vorhanden ist (Mogelpackung). Dieses unnötige Verpackungsmaterial ist Verschwendung und belastet unsere Umwelt. Preisvergleiche werden durch unterschiedliche Füllmengen allerdings erschwert. Rechnest du den Preis für ein Kilo oder einen Liter aus, so lässt sich feststellen, welches Produkt billiger ist. Sind zwei Produkte gleich teuer, so entscheide im Hinblick auf die umweltfreundliche Verpackung.
Werbung hat immer zwei Seiten. Wenn sie informativ ist, nützt sie uns. Aber sie wird zur Gefahr, wenn sie nur Wünsche weckt. Oft wird versucht uns einzureden, dass man dieses Produkt haben muss, um cool zu sein und in der Clique anerkannt zu werden. Diesem Gruppenzwang sollte man widerstehen und die Werbung kritisch hinterfragen.

Aufgaben

1 Erstelle von einem dir gut bekannten Lebensmittelmarkt eine Skizze und vergleiche sie mit der Abbildung im Buch. Bringe dein Wissen aus Arbeit – Wirtschaft – Technik mit ein.

2 Begründe die Anordnung der Waren im Geschäft aus der Sicht des Verkäufers.

3 Erkläre, wie du ökonomisch und ökologisch einkaufen kannst.

4 Finde eine Begründung für die unterschiedlichen Preise bei Sonderangeboten und regulärer Ware.

5 Gestaltet in der Gruppe ein Werbeplakat zu eurer gewählten Praxisaufgabe aus dem Rezeptteil.

Markenware bei Lebensmitteln und Bekleidung

No-Name-Produkt
Lebensmittel und Bekleidung

Wir unterscheiden:
- informative Werbung und
- suggestive (beeinflussende) Werbung.

Gezielter Einsatz knapper Mittel

Wer sparsam wirtschaftet und marktgerecht einkauft, wird die geplanten Mengen einhalten, die Ausgabenhöhe begrenzen, anstelle von teuren Nahrungsmitteln auf preiswertere ausweichen, z. B. Äpfel kaufen, wenn Birnen teuer sind. Es müssen auch nicht die ersten Kirschen oder Erdbeeren der Saison gekauft werden. Einige Wochen später, zur Haupterntezeit, sind Erdbeeren oder Kirschen sehr viel günstiger zu haben. Es ist stets zu prüfen, ob eine größere Packung wirklich günstiger ist als eine kleine. Beim Abwiegen loser oder offener Ware sollte das angezeigte Gewicht auf der Waage mitkontrolliert werden. Erhebliches Mehrgewicht ist abzulehnen. Die Qualität sollte der Verwendung entsprechen. Für Kompott oder zum Backen muss nicht das beste Obst genommen werden. Fallobst erfüllt den Zweck ebenso gut. Der sparsame Verbraucher verzichtet auch auf aufwändige Verpackungen.

Wenn du dich daran hältst und Konsumaufschub bzw. Konsumverzicht schon im Kleinen übst, wirst du später gut mit deinem Geld zurechtkommen.

> ! Das Teuerste ist nicht immer das Beste; das Billigste nicht immer das Preiswerteste.

Die Schuldenlast privater Haushalte

Schuldnerberatungsstellen stellen bei der deutschen Bevölkerung eine zunehmende Verschuldung fest, wie aus der Statistik hervorgeht. Es zeigt sich, dass der Umgang mit Geld auch gelernt werden muss.

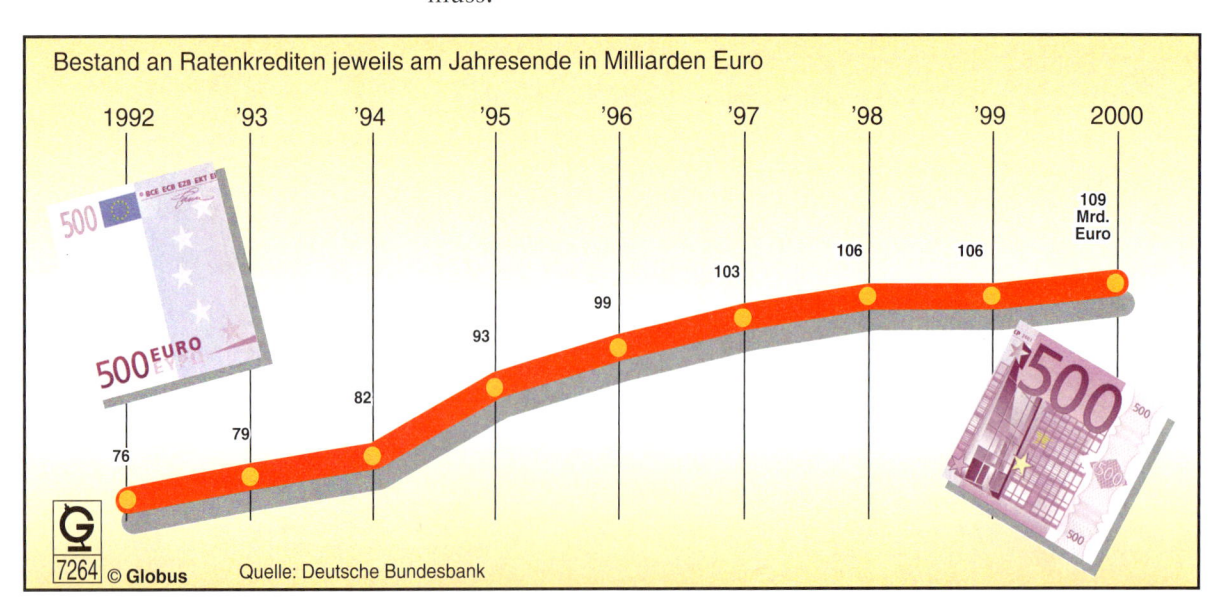

Bestand an Ratenkrediten jeweils am Jahresende in Milliarden Euro

1992	'93	'94	'95	'96	'97	'98	'99	2000
76	79	82	93	99	103	106	106	109 Mrd. Euro

7264 © Globus   Quelle: Deutsche Bundesbank

Konsum auf Pump

Der Grund für selbst verursachte Schulden liegt darin, dass die Haushalte höhere Ausgaben als Einnahmen haben. Meist ist überhöhter Konsum die Ursache für Schulden.

Gezielter Einsatz knapper Mittel

Ökonomisches Verhalten beim Einkauf
Ein umsichtiger Verbraucher berücksichtigt folgende Einkaufsregeln:
1. Schreibe stets einen Einkaufszettel und vermeide Eileinkäufe.
2. Nütze Anzeigen und Preislisten als Informationsquellen.
3. Vergleiche Angebot, Menge, Preis und Qualität.
4. Kaufe Obst und Gemüse entsprechend der Jahreszeit ein.
5. Nütze Sonderangebote und Marktschwemmen.
6. Kaufe lagerfähige Waren preisgünstig auf Vorrat.
7. Beachte, dass Großpackungen zwar Wege und Zeit sparen helfen, aber zum unnötigen Mehrverbrauch verleiten können.
8. Lehne aufwändige Verpackungen ab (z. B. bei Gebäck).
9. Kontrolliere den Kassenzettel (Reklamationen!).
10. Führe ein Haushaltsbuch.

! Ein kluger Kunde erkennt Einsparungsmöglichkeiten.

Tipp: Kaufe Lebensmittel nicht mit leerem Magen ein.

Buchführung im Haushalt
Mit Einkaufszettel und Kassenbon ist die Führung des Haushaltsbuches ganz einfach.

Datum	Einnahmen	€	Ausgaben			
			Ernährung	€	Sonstiges	€
03.10.	Haushaltsgeld	250,00	Gemüse	10,60	Bus	5,90
04.10			Getränke, Milch	4,50	Tanken	43,00
05.10			Fleisch, Wurst, Brot, Käse	33,90	T-Shirt	15,50
06.10			Obst, Gemüse	12,30	Geschenk	9,80
07.10	Kassenstand	114,50		61,30		74,20

Buchführung in der Schulküche am PC
Vierzehn Schüler zahlen pro Unterrichtseinheit je 1,50 €.

Monat Oktober	Einnahmen € Gemeinde	Einnahmen € Schüler	Ausgaben € Belege	Kassenstand €
1. Woche	100,00	22,00	34,50	87,50
2. Woche		22,00	18,20	91,30
3. Woche		22,00	25,40	87,90
4. Woche		22,00	17,30	92,60
Summen	100,00	88,00	95,40	

Die Ausgaben dürfen nicht höher als die Einnahmen sein. Bedenke, dass zu den Ausgaben auch die monatlichen Rücklagen zählen, damit in Notfällen auf Erspartes zurückgegriffen werden kann.

! Einnahmen und Ausgaben müssen sich die Waage halten.

Aufgaben
1 Begründe die Einkaufsregeln.
2 Führe ein Haushaltsbuch über dein Taschengeld.
3 Überlege Vorschläge, wie Schulden gar nicht erst entstehen.

1 Planen und Beschaffen

Teamarbeit gut organisiert

Mirko: „Beim letzten Mal sind wir nicht fertig geworden. Heute planen wir besser!"

Lisa: „Wenn ich nicht das Geschirr nach dem Spülen noch aufräumen würde, kämen wir nie rechtzeitig aus der Küche. Das ist doch keine Teamarbeit!"

Ines: „Wir vier sollten versuchen das besser hinzukriegen."

Französische Lauchsuppe

Zutaten	Arbeitsschritte
1–2 Stangen Lauch (Porree), mittelgroß	putzen, längs halbieren, waschen und in Streifen schneiden,
2 Essl. Öl 3–4 Essl. weiche Haferflocken 1 Liter Brühe evtl. 50 g gekochter Schinken	erhitzen, Lauch andünsten, zugeben, kurz mitdünsten, aufgießen und 8–10 Minuten kochen. würfeln
1/2 Becher Crème fraîche mit Kräutern evtl. Pfeffer, Salz	zugeben, abschmecken, Suppe mit rohen Lauchstreifen anrichten.
4 Scheiben Toast	im Backrohr toasten.

Der Ämterplan – eine wertvolle Hilfe

Geschirramt	Trockenamt	Herdamt	Umweltamt

Übe dein Amt während der Praxis bewusst aus. Kontrolliert euch gegenseitig.

Aufgaben

1 Begründe die Auswahl von Lauch und bewerte die Abfallmenge.

2 Lies das Rezept, stellt in der Gruppe die erforderlichen Arbeitsmittel (Zutaten und Geräte) bereit.

3 Verteilt die anfallenden Arbeiten und Ämter auf euer Team.

4 Kontrolliert euch in der Gruppe, ob jedes Teammitglied einen ergonomisch gestalteten Arbeitsplatz vorbereitet hat.

5 Erkläre, wie du deine Aufgabe rationell erledigen kannst.

6 Nenne am Beispiel Toastbrot die gesetzliche Lebensmittelkennzeichnung für verpackte Lebensmittel.

Preis und Qualität im richtigen Verhältnis

Beim Einkauf der Zutaten für die Lauchsuppe vergleichen, bewerten und wählen wir zwischen Angebotsformen, Mengen, Verpackungen, Marken- und Billigprodukten.

Lauch	
frisch, offen: 1 kg	2,99 €
frisch, verpackt: 1 kg	1,99 €
frisch, gebündelt, Ökoware: 500 g	1,99 €

Kräuter	
1 Bund Frischkräuter	0,99 €
Tiefkühlkräuter: 25 g	1,19 €
Kräuter, getrocknet: 50 g	3,49 €

Crème fraîche	
Markenprodukt mit Kräutern	0,99 €
Markenprodukt ohne Kräuter	0,98 €
Billigprodukt	0,69 €

Toastbrot	
Weizen-Toastbrot, groß	0,99 €
Vollkorntoast, groß	1,19 €
Weizen-Toastbrot, klein	0,59 €
Vollkorntoast, klein	0,69 €

Überlegter Einkauf zahlt sich aus

Es gibt nicht nur eine richtige Entscheidung. Denn die jeweilige Situation, der Verwendungszweck und individuelle Bedürfnisse sind beim Einkauf auch zu berücksichtigen.

Crème fraîche

Markenprodukt	Billigprodukt
sahnig	schmeckt
würzig	wie Sauerrahm
cremig	fettig

Einkauf A

Menge	Lebensmittel	€
2 kg	Öko-Lauch	7,96
2	Crème fraîche Markenprodukt mit Kräutern	1,98
2 Bund	Kräuter	1,98
1 kleines	Weizen-Toastbrot	0,59
1 kleines	Vollkorn-Toastbrot	0,69
	Summe	13,20

Einkauf B

Menge	Lebensmittel	€
2 kg	verpackter Lauch	3,98
2	Crème fraîche Billigmarke mit Kräutern	1,38
2 Bund	Kräuter	1,98
1 großes	Vollkorn-Toastbrot	1,19
	Summe	8,53

Einkauf B ist um 4,67 € preisgünstiger.

Aufgaben

1. **Station:** Bewerte die Angebotsformen bei Lauch und Kräutern.
2. **Station:** Teste Crème fraîche sensorisch.
   Beurteile Produkt A und B nach Aussehen, Geschmack, Geruch und Beschaffenheit.
   Schmeckt eine Suppe mit dem Markenprodukt und eine Suppe mit dem Billigprodukt ab.
   Vergleicht Menge, Aufmachung, Qualität und Preis der beiden Produkte. Lies dazu auf Seite 41 nach.
3. **Station:** Begründe den Preisunterschied von ökologischer Ware und konventioneller Ware.
4. **Station:** Notiere auf dem Plakat Argumente für die Pro- und Kontra-Diskussion „konventionell oder ökologisch".

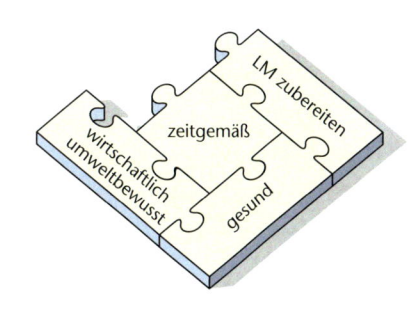

Planen und Beschaffen

Gespräche führen zum Informieren und Entscheiden

1. Unterrichtsgang zur Produkterkundung vor Ort
Konventionelle und ökologische Lebensmittel

- **Vorbereitung**
  Wie und wo holen wir Informationen ein?
  Welche Fachleute können wir befragen?
  Was gibt es beim Interview zu beachten?
  Was wissen wir aus anderen Fächern dazu?
  Welche Aufgaben übernehmen einzelne Gruppen?
  Wie halten wir die Ergebnisse vor Ort fest?
  Welche Fragen helfen weiter?

  Beispielfragen
  Woher bekommen Sie ökologisch erzeugte Waren?
  Woher beziehen Sie konventionell erzeugte Waren?
  Was rechtfertigt den höheren Preis der Ökoprodukte?
  Was ist unter artgerechter Tierhaltung zu verstehen?
  Welche Nachteile kann Massentierhaltung haben?
  Wie sind ökologisch erzeugte Produkte gekennzeichnet?
  Welche Warenzeichen gibt es bei ökologischer Ware?

- **Durchführung**
  Umgangsformen und Gesprächsregeln sind wichtig beim Vorstellen, Begrüßen, Sprechen, Befragen und Interviewen.

- **Auswertung**
  Zusammenfassen der Erkenntnisse und Präsentation der Ergebnisse in der Klasse oder im Schulhaus (z. B. Plakate, Mindmap, Collage, Video).

2. Führen einer Pro- und Kontra-Diskussion
In dieser Form der Diskussion, ob innerhalb der Klasse, mit anderen Schülern im Schulhaus oder mit Experten geführt, lässt sich das Argumentieren üben. Das Wissen aus den Gesprächen und die Meinungen der Diskussionsteilnehmer können hier eingebracht werden. Bildet dazu drei Gruppen: Pro, Kontra und unparteiische Jury. Der neutrale Diskussionsleiter erteilt das Wort und schließt die Diskussion ab. Alle Diskussionsteilnehmer kommen zu Wort. Eine abschließende Aussprache ermöglicht Rückschau auf den Inhalt und die Gesprächsführung. Die Jury begründet ihre Entscheidung sachlich.

Ein Bewertungsbogen erleichtert der Jury die Beobachtung
Diese Aspekte sind besonders wichtig: sachliche Argumente, klare Gruppenzugehörigkeit, Eingehen auf Gegenargumente, sprachliche Darstellung, Einhalten von Gesprächsregeln und körpersprachlicher Ausdruck. Drei Punkte gibt es für besonders gutes, zwei Punkte für gutes und einen Punkt für durchschnittliches Gesprächsverhalten.

2 Gesund leben und essen

2 Gesund leben und essen

Lebensgewohnheiten und Ernährungsverhalten hinterfragen

Empfehlungen für eine gesunde Lebensweise

Gesund leben heißt nicht nur gesund essen. Eine große Rolle spielen dabei auch die Lebens- und Essgewohnheiten. Dieses Kapitel gibt Empfehlungen für eine schmackhafte und gesundheitsbewusste Ernährung sowie für eine ausgeglichene und gesundheitsfördernde Lebensweise.

Schüler fragen Schüler . . . . . Wer weiß die Antwort?

- Jeder sagt, Frühstück ist so gesund, nur bekomme ich morgens nichts herunter.
- Warum soll ich abwechslungsreich essen, wenn ich am liebsten doch nur Pommes und Hamburger esse.
- Psychohygiene ist wichtig, sagt mein Trainer!
- Ohne Hygiene keine Schönheit und Gesundheit!
- Bei meinen Partys lege ich Wert auf frische Zutaten wie Obst, Gemüse und fruchtige Getränke mit viel Mineralwasser.
- In der Werbung hört man immer von Ballaststoffen. Ich glaube, ich habe noch nie welche gegessen.
- Ich habe immer viel Durst und trinke Cola. Man soll ja auch viel Flüssigkeit zu sich nehmen.
- Ich habe gehört, dass Nudeln, Reis und Kartoffeln dick machen. Was sagt ihr dazu?
- Sport und Ernährung sind gut für die Abwehrkräfte.
- Ein gutes Essen ohne Fleisch kann sich mein Vater nicht vorstellen. Ich kann aber oft auf Fleisch verzichten.

Eine Antwort erhältst du, wenn du die folgenden Seiten liest.

Lebensgewohnheiten und Ernährungsverhalten hinterfragen

Lebens- und Essgewohnheiten – beibehalten oder ändern?
Wer bedenkenlos immer nur isst und trinkt, was ihm schmeckt, gefährdet auf die Dauer seine Gesundheit. Da die Folgen falscher Ernährung häufig erst Jahre später zu erkennen sind, fällt es manchen Menschen schwer, einzusehen, dass zwischen Ernährung und Gesundheit eine Wechselwirkung besteht. Auch wenn im Kindesalter bereits Grundlagen für spätere Ernährungsgewohnheiten gelegt werden, hast du als Jugendlicher noch die Möglichkeit, deinen Lebensrhythmus und dein Ernährungsverhalten zu ändern.

Lebensgewohnheiten anpassen
Die körperliche Beanspruchung ist im Berufsleben geringer als früher. Dafür steigen die Anforderungen an die Konzentrationsfähigkeit. Diese veränderten Lebens- und Arbeitsbedingungen sollten die persönliche Lebensweise und die Ernährung berücksichtigen. Außerdem sind regelmäßige Körperpflege, saubere Kleidung und Händewaschen selbstverständlich für den Umgang mit Menschen und zudem wichtig für die eigene Gesundheit. Auch Pausen sind fester Bestandteil in Schule und Beruf. Der Wechsel von Anspannung und Entspannung dient der Psychohygiene.

Fünf kleine Mahlzeiten halten fit
Die meisten Berufstätigen und Schüler können mittags nicht zu Hause essen. Sie sind daher auf fertige Mahlzeiten oder mitgebrachten Proviant angewiesen: Mit leichten Pausenmahlzeiten können die normalen Hochs im Tagesverlauf verstärkt, Tiefpunkte wesentlich abgemildert werden.

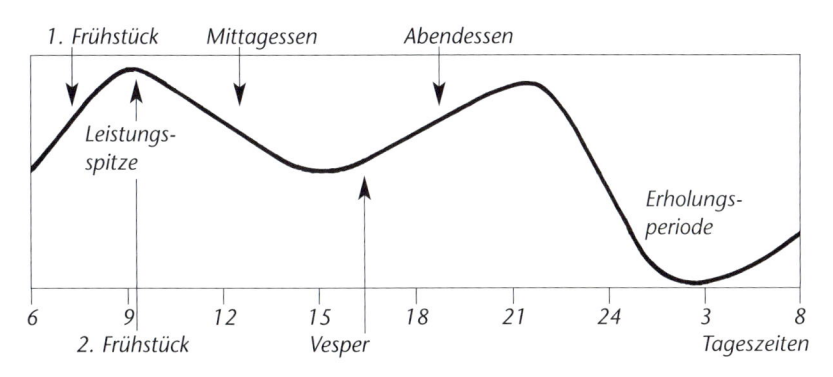

Essen und Trimmen, beides muss stimmen. !

Aufgaben

1. Richte ein Pausenbrot aus den bereitgestellten Zutaten her.
2. Stelle den Zusammenhang zwischen Ernährung, Hygiene, Bewegung und Gesundheit her.
3. Erkundige dich im Sportunterricht über Psychohygiene.
4. Lies im Buch Seite 50/51 nach und erläutere den Zusammenhang zwischen Ernährungsgewohnheiten, Lebensweise und Gesundheit.

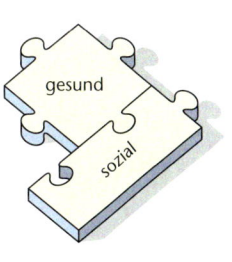

2 Gesund leben und essen

Vielseitig essen ist vollwertig essen

Unser Körper stellt hohe Ansprüche an die Ernährung. Er fordert jeden Tag viele verschiedene Lebensmittel, damit die Nährstoffe Kohlenhydrate, Fett, Eiweiß, Vitamine, Mineralstoffe und Wasser, die der Körper für seine Gesundheit und Leistungsfähigkeit braucht, ausreichend zugeführt werden. Aus der Grafik links wird auch deutlich, warum unser Körper gerade diese Nährstoffe benötigt.

Kein Lebensmittel erfüllt alleine alle Bedingungen, denn jedes liefert nur einen Teil der lebensnotwendigen Nährstoffe. Damit unser Körper alle Nährstoffe in der richtigen Menge erhält, müssen wir die Lebensmittel geschickt kombinieren. Wie, das zeigt der Lebensmittelkreis der Deutschen Gesellschaft für Ernährung (DGE).

100 %
Wasser 65 %
Eiweiß 20 %
Fett 10 %
Mineralstoffe und Vitamine in Spuren 4 %
Kohlenhydrate (Zucker, Stärke) 1 %

Daraus besteht unser Körper

! Lebensmittel sind „Mittel zum Leben", denn sie enthalten lebenswichtige Nährstoffe.

1. Getreide, Getreideprodukte
2. Gemüse und Hülsenfrüchte
3. Obst
4. Milch und Milchprodukte
5. Fleisch, Fisch, Ei
6. Fette und Öle
7. Energiearme Getränke

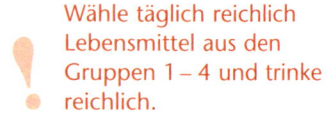

! Wähle täglich reichlich Lebensmittel aus den Gruppen 1 – 4 und trinke reichlich.

Der Ernährungskreis besteht aus sieben Lebensmittelgruppen. Die unterschiedlich großen Kreissegmente verdeutlichen, wie viel von jeder Lebensmittelgruppe gegessen oder getrunken werden sollte. Iss weniger Lebensmittel aus den Gruppen 5 und 6. Wechsle zwischen den Lebensmitteln der Gruppe 5 ständig ab. Außerdem sollen die Lebensmittel möglichst naturbelassen und frei von Schadstoffen sein. Wer sich danach richtet und auf Abwechslung achtet, isst und trinkt vollwertig. Deine Gesundheit liegt also in deiner Verantwortung. Bedenke auch den Ausspruch: Man ist, was man isst!

Lebensweise und Ernährungsverhalten erkennen: das Tagesprotokoll

Es kommt nicht nur darauf an, wie viel und was wir essen. Genauso wichtig ist die Frage, „wie" wir essen.
Boris hat heute sechs Stunden Unterricht. Am Nachmittag sind zwei Stunden für Hausaufgaben und zum Lernen fest eingeplant. Danach macht die Freizeit Spaß. Über diesen Tag schreibt er heute ein Protokoll.

Tagesprotokoll von Boris

Mahl-zeiten	Was?	Wo?	Mit wem?	Wie lange?	Wie habe ich mich gefühlt?
Frühstück	Müsli mit Obst	Essküche	Familie	20 Min.	angenehm, weil alle da waren
Pause	Banane Knusper-riegel	Schulhof	drei Mit-schüler	15 Min.	habe mich gut unterhalten
Mittag	Pasta asciutta	Essküche	allein	15 Min.	das Essen hat geschmeckt, nur war ich alleine
Körper-licher Ausgleich	Einkaufen zu Fuß	Super-markt	allein	1 Std.	fit, entspannt
Brotzeit	½ Tafel Schoko-lade	im Zimmer vor dem Computer	allein	10 Min.	die Arbeit am Computer war noch spannender
Abend-essen	Tomaten-suppe Wurstbrote Salat	Essecke im Wohn-zimmer	Familie	30 Min.	In der Gemein-schaf schmeckt's am besten
weitere Mahlzeiten	Knabber-waren	im eigenen Zimmer	allein	2 Std.	es war auf-regend
Verein	Volleyball	Turnhalle	Freunde	1 Std.	gutes Körper-gefühl

Essen auf die Schnelle?

Hilfen zur Auswertung von Tagesprotokollen

- Esse ich regelmäßig in kleinen Portionen?
- Esse ich abwechslungsreich?
- Bekommt mein Körper alle wichtigen Nährstoffe?
- Esse ich zu viel oder zu wenig?
- Nasche ich zwischendurch? Wenn ja, was?
- Bewege ich mich regelmäßig?
- Achte ich auf Ausgleich zwi-schen Arbeit und Entspan-nung?
- Treibe ich in der Gemeinschaft Sport?

Aufgaben

1. Bereitet ein Frühstücksbüfett zu nach den Empfehlungen der Deutschen Gesellschaft für Ernährung.
2. Stelle einen Zusammenhang her: Nährstoffe in Lebensmitteln und im menschlichen Körper.
3. Sprecht in der Gruppe über das Tagesprotokoll von Boris.
4. Erstelle dein eigenes vorbereitetes Tagesprotokoll.
5. Wähle fünf Lebensmittel für das Frühstücksbüfett aus, die viele Nährstoffe enthalten. Schlage dazu in der Nährwerttabelle (Seite 138) nach.

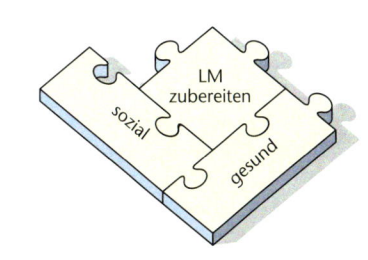

2 Gesund leben und essen

Getreide als ballaststoffreiches Lebensmittel

Party-Vollkornsemmeln süß oder pikant

Zutaten	Arbeitsschritte
125 g Magerquark 1 Ei 5 Essl. Öl 1 Prise Salz etwas Honig für süße Semmeln	in Rührschüssel geben und vermischen
200 g Weizenvollkornmehl oder Dinkelvollkornmehl 1 Päckchen Backpulver	Mehl mit Backpulver gesiebt zugeben, mit dem Knethaken des elektrischen Handrührgerätes unterkneten
nach Bedarf Milch	zugeben, bis fester Teig entsteht
Für süße Partysemmeln 2 Essl. Rosinen 1 Essl. gehackte Mandeln	waschen, trocknen Rosinen und Mandeln zum Teig geben, durchkneten Teig portionieren, Semmeln formen, mit Milch bestreichen.
Für pikante Semmeln nach Belieben Kümmel, Sesam, Mohn, Kürbis- oder Sonnenblumenkerne, evtl. geriebener Käse	Semmeln in Gewürze oder Körner tauchen oder damit bestreuen, Semmeln einkerben
	20 Minuten ruhen lassen, dann backen bei 200 °C etwa 20–25 Minuten.

Tipp: Semmeln passen zum Frühstück und für die Pause. Doppelte Menge backen und tiefgefrieren spart Zeit.

! Gib Vollkornsemmeln und Vollkornbroten den Vorzug.

Brot ist sättigender Bestandteil in der mediterranen Küche.

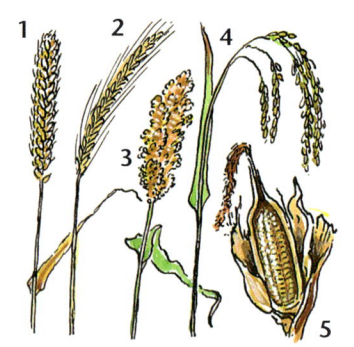

Getreidesorten

1 Weizen 3 Hirse 5 Mais
2 Roggen 4 Hafer

Hauptbestandteil von Getreide sind Kohlenhydrate in Form von Stärke (70 %) und Zellulose. Außerdem enthält es Vitamine und Mineralstoffe.

Weizen und Roggen sind die in Deutschland gebräuchlichen Brotgetreide. Dinkel, die Urform des Weizens, hat noch bessere Backeigenschaften als Weizen und einen feinen, nussartigen Geschmack. Im Durchschnitt verzehren wir täglich 200 g Brot und decken damit über die Hälfte unseres Kohlenhydratbedarfs.

In Afrika ernähren sich die Menschen hauptsächlich mit Hirse, der ältesten von Menschen kultivierten Getreideart. Reis ist das Brot der Asiaten. Von Mais, der aus Peru und Mexiko stammenden Getreideart, leben die Südamerikaner.

Arten und Bewertung der Kohlenhydrate

Der Nährstoff Kohlenhydrate kommt hauptsächlich in pflanzlichen Lebensmitteln vor, in Form von *Zucker*, *Stärke* und *Zellulose*. Lebensmittel, die Kohlenhydrate enthalten, kann man schon am Geschmack und ihrer Beschaffenheit erkennen.
Zuckerhaltige Lebensmittel schmecken süß, stärkehaltige sind mehlig oder geschmacklos. Zellulosehaltige sind in rohem Zustand hart und faserig, denn Zellulose ist das Stützgerüst der Pflanzen.
Die Vollkornsemmeln mit Rosinen enthalten alle drei Kohlenhydratarten: Stärke und Ballaststoffe im Vollkornmehl, Zucker und Ballaststoffe in den Rosinen und naturbelassenen Zucker im Honig. Im Gegensatz dazu ist der Haushaltszucker, aus Zuckerrohr und Zuckerrübe gewonnen, in der Lebensmittelindustrie aufbereitet, gesundheitlich weniger wertvoll. Haushaltszucker besteht zu 100 Prozent aus Zucker, enthält keine Vitamine und Mineralstoffe und wird in der Fachsprache *leerer Kohlenhydratträger* genannt.

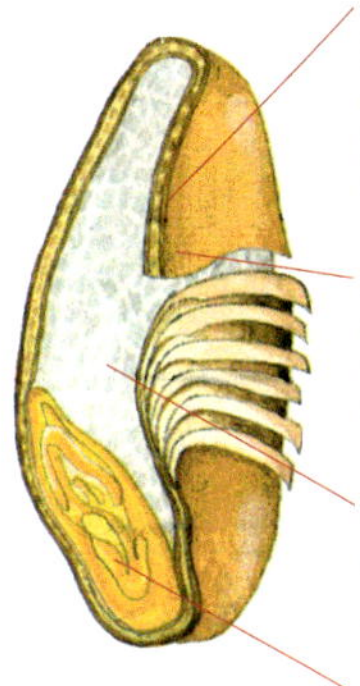

Querschnitt durch ein Getreidekorn. Weißmehl enthält nur den Mehlkörper

Fruchtschale/Samenschale enthält: Zellulose, Mineralstoffe, Vitamine
Aleuronschicht enthält: Eiweiß, Mineralstoffe, Vitamine
Mehlkörper enthält: Stärke, Eiweiß
Keimling enthält: Fett, Eiweiß, Mineralstoffe, Vitamine

! Der Ballaststoffbedarf lässt sich mit Vollkornprodukten, Obst und Gemüse leicht decken.

Bedeutung der Kohlenhydrate

Die Kohlenhydrate Zucker und Stärke liefern dem Körper Energie für körperliche und geistige Anstrengung.
Zucker ist ein reines Kohlenhydrat, das sehr schnell ins Blut gelangt und dort sofort seine Energie freisetzt.
Stärke, die die gleiche Menge an Energie liefert, muss im Gegensatz zum Zucker vom Körper erst abgebaut werden, gelangt daher sehr viel langsamer ins Blut und sättigt deshalb länger.
Zellulose ist unverdaulich, liefert keine Energie, füllt Magen und Darm, erzeugt so ein Sättigungsgefühl und erhält die gesunde Darmfunktion. Sie zählt zu den Ballaststoffen.

Bedarf an Ballaststoffen

Iss Kohlenhydrate in Form von naturbelassenen Lebensmitteln. Nur so kann die empfohlene Menge von 30 g Ballaststoffen pro Tag gedeckt werden.

1 l Cola enthält 110 g Zucker, umgerechnet so viel wie etwa 40 Stück Würfelzucker

Aufgaben

1. Nenne die Produkte aus der Abbildung, die Ballaststoffe liefern.
2. Begründe, warum eine Vollkornsemmel mehr sättigt als eine Semmel aus Weißmehl.
3. Wiederhole dein Wissen mit dem Computerprogramm „Kohlenhydrate in der Ernährung".
4. Informiere dich über Zucker (S. 74).

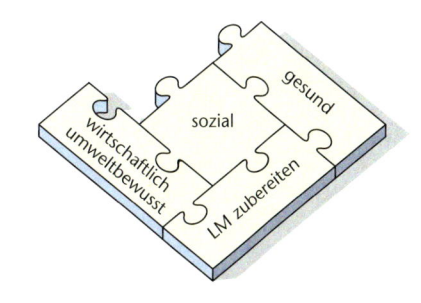

Obst und Gemüse – reich an Vitaminen und Mineralstoffen

Im Gegensatz zu Eiweiß, Fett und Kohlenhydraten liefern Vitamine und Mineralstoffe keine Energie. Sie sind auch nur in kleinen Mengen nötig. Vitamine und Mineralstoffe verhelfen den Nährstoffen zur richtigen Wirkung, regeln den Stoffwechsel und schützen vor Krankheiten. Vielfach werden sie daher als Wirk-, Schutz- und Reglerstoffe bezeichnet. Vitamine und Mineralstoffe sind Bestandteile von Lebensmitteln, ohne die Lebewesen – ob Mensch oder Tier – nicht existieren können. Wenn der Körper aufgrund einseitiger Ernährung zu wenig Vitamine und Mineralstoffe erhält, kommt es zu Mangelerscheinungen.

Arten und Vorkommen der Vitamine und Mineralstoffe

Fettlösliche Vitamine	Wasserlösliche Vitamine	Mineralstoffe Mengenelemente		Mineralstoffe Spurenelemente	
Vitamin A besonders in Milch, Leber, Eigelb, Butter; als Vorstufe Carotin in Karotten und stark gefärbten grünen, roten und gelben Obst- und Gemüsesorten. **Vitamin D** besonders in Milch, Eigelb, Fisch; erfordert zur Bildung im Körper Sonnenlicht.	**B-Gruppe** (B_1, B_2, B_6, B_{12}) besonders in Vollkornprodukten, Milch, Kartoffeln, Hülsenfrüchten, Bananen, Fisch. **Vitamin C** besonders in Beeren, Zitrusfrüchten, Paprika, Kartoffeln.	**Calcium (Ca)** **Phosphor (P)** **Kalium (K)** **Magnesium (Mg)** **Natrium (Na)** **Chlor (Cl)**	Milch, Milchprodukte Milch, Hülsenfrüchte, Nüsse Obst, Gemüse, Getreide Milch, grüne Gemüse NaCl ist Kochsalz	**Eisen (Fe)** **Zink (Zn)** **Fluor (F)** **Jod (J)**	Fleisch, Leber, Obst, Gemüse Fleisch, Milchprodukte, Getreide, Karotten Ölsardinen, Getreide, Mineralwasser Seefisch, Milch, Eier

Bedarf an Vitaminen und Mineralstoffen

Wir brauchen von Vitaminen und Mineralstoffen nur sehr kleine Mengen am Tag – Tausendstelgramm und weniger genügen.

! Vitamine und Mineralstoffe – kleine Mengen, große Wirkung

Pro Tag z. B. Vitamin A 0,9 mg
Vitamin C 75 mg

Mengenelemente: 1 – 8 g pro Tag
Spurenelemente: weniger als 1 g pro Tag

Erhöhten Bedarf haben:
- Kinder, Jugendliche
- Schwangere, Stillende
- Senioren
- Gestresste und kranke Menschen

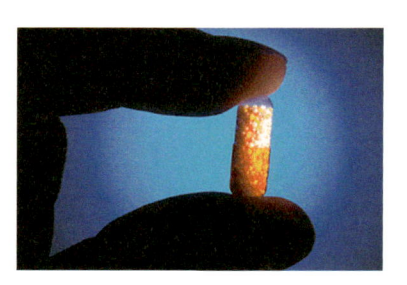

Besser als nichts

Frisches Obst macht Vitaminpräparate überflüssig

Obst und Gemüse – reich an Vitaminen und Mineralstoffen

Bei der Zusammenstellung des Schlemmertellers hast du eine Auswahl aus vitamin- und mineralstoffreichen Lebensmitteln. Vitamin- und Mineralstoffverluste kannst du durch eine sachgerechte Vor- und Zubereitung der Zutaten vermeiden.

Schlemmerteller – vitamin- und mineralstoffreich

Zutaten	Arbeitsschritte – vitamin- und mineralstoffschonend
Salate und Gemüse der Saison, z. B. ½ grüne Paprikaschote 2 rote Tomaten 1 kl. Kohlrabi ¼ Gärtnergurke 1 Zitrone 2 Karotten	frisch eingekauft oder aus dem Gemüsefach des Kühlschranks putzen, waschen, zerkleinern (z. B. Streifen, Scheiben, Stifte) und abdecken auspressen vorbereiten, in Zitronensaft raspeln
½ Dose Mais 4 – 5 Salatblätter	waschen, auf Teller ausbreiten, Salate anrichten
wahlweise: Tunfisch oder Schinken oder Käse Putenstreifen gekochtes Ei	in Streifen schneiden in der Pfanne braten schneiden und auf den Salatteller geben
wahlweise: Nüsse, Pinienkerne, Sonnenblumenkerne	über die Salatteller streuen
Jogurt-Dressing 1 Becher Vollmilchjogurt 1 Becher Crème fraîche Salz, Pfeffer, etwas Zitronensaft z. B. Dill, Kresse, Schnittlauch	mischen mit Kräutern aufwerten

! Je frischer die Zutaten, desto mehr Vitamine und Mineralstoffe.

Frischobst und Frischgemüse sind Bestandteil der mediterranen Küche.

Aufgaben

1 Schlage auf Seite 88/89 das Säubern und Zerkleinern von Lebensmitteln nach.

2 Vergleiche den Bedarf an Vitamin A und C.

3 Begründe, weshalb abwechslungsreiche Ernährung sinnvoll ist.

4 Bewerte den Schlemmerteller unter dem Aspekt Vitamine und Mineralstoffe und mit deinem bisherigen Wissen aus der Ernährung.

Ⓜ 5 Bestimme die Vitamine und Mineralstoffe des Schlemmertellers anhand der Nährwerttabelle Seite 138 f.

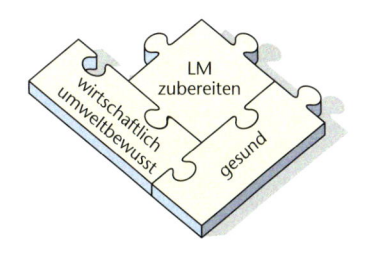

2 Gesund leben und essen

Obst und Gemüse halten gesund

Die Lebensmittelgruppe Obst und Gemüse liefert Vitamine und Mineralstoffe, die im Körper wichtige Aufgaben erfüllen.

! Vollkorn und Vollkornprodukte sichern den Bedarf an Vitamin B.

Die *Vitamine A, B, E* verhelfen uns zu besserem Aussehen, schöner Haut und guter Sicht, auch in der Dunkelheit. Nicht umsonst wird das Vitamin A als Augen- und Hautvitamin bezeichnet.
Vitamin C und der *Mineralstoff Zink* schützen vor grippalen Infekten und verbessern die Wundheilung. Deshalb wird Vitamin C Infektionsabwehrvitamin genannt.
Die *Vitamine der B-Gruppe* und der *Mineralstoff Magnesium* fördern unsere Konzentration und helfen uns Stresssituationen besser zu verkraften. Vitamin B heißt deshalb auch Gehirn- und Nervenvitamin.
Vitamin D und der *Mineralstoff Calcium* verhindern bei Kindern Knochenerweichung (Rachitis) und Störungen bei der Zahnbildung; bei Erwachsenen verhindern sie Knochenentkalkung. Deshalb wird Vitamin D auch Zahn- und Knochenvitamin genannt.
Phosphor ist ebenso wie Calcium ein wichtiger Baustein der Zähne und Knochen sowie Bestandteil der Muskeln und des Blutes.
Mediziner und Ernährungswissenschaftler haben erkannt, dass die Vitamine A und Vorstufe Carotin, C, E und die Mineralstoffe Magnesium, Calcium und Zink das Immunsystem stärken und somit Krebs verhindern können.
Den Vitaminen C und E wird eine herzschützende Funktion zugeschrieben.
Als Baustoff des roten Blutfarbstoffes dient *Eisen* dem Sauerstofftransport. Vor allem Mädchen sind von Eisenmangel betroffen, der sich in Gesichtsblässe und Leistungsabfall äußert.
Jod ist ein unentbehrlicher Baustoff des Schilddrüsenhormons. Bei Jodmangel kann es zu Kropfbildung und zu Störungen in der geistigen und körperlichen Entwicklung kommen.

! Gesund bleiben durch reichlich Gemüse und Obst.

Obst und Gemüse halten gesund

Gesundheitsschutz aus der Natur

Obst und Gemüse sind faszinierende Lebensmittel mit einem breiten Spektrum an gesundheitsfördernden Inhaltsstoffen. Kohlenhydrate, Eiweiß, Fett, Vitamine, Mineralstoffe und Wasser gehören zu den wichtigsten (primären) Pflanzeninhaltsstoffen. Die zweitwichtigsten (sekundären) Pflanzeninhaltsstoffe sind z. B. Farb-, Geruchs- und Geschmacksstoffe, die die Pflanze als Abwehrstoffe gegen Schädlinge und Krankheiten bildet. In der Naturmedizin werden sie seit jeher genutzt, z. B. Zwiebelsaft bei Husten, Karotten zur Vorbeugung gegen Nachtblindheit. Beim Menschen fördern sie die Gesundheit und wirken heilend. Sie stärken z. B. das Immunsystem, sind wichtig für den Aufbau von Zellen, schützen die Haut vor gefährlichen UV-Strahlen und können Krebs verhindern.

> Sekundäre Pflanzeninhaltsstoffe fördern die Gesundheit und wirken heilend.

Zum Herstellen der Spieße eignet sich am besten frische Ware. Frisches Obst oder Gemüse enthält neben Vitaminen, Mineralstoffen und Ballaststoffen auch noch Farb-, Geruchs- und Geschmacksstoffe, die sich positiv auf den menschlichen Organismus auswirken.

Fruchtspieße

Zutaten	Arbeitsschritte
1–2 Bananen	in dicke Scheiben schneiden
1/2 Zitrone	auspressen, Bananenscheiben beträufeln
8–10 Erdbeeren 8–10 Weintrauben 2 Birnen 2 Kiwis 4 Aprikosen	waschen, in mundgerechte Stücke schneiden
4 Schaschlikspieße	Obst in bunter Folge aufstecken
Kuvertüre, weiß und schwarz	im Wasserbad schmelzen, Fruchtspieße mit Schokolinien (mit Zahnstocher auftragen) verzieren
Abwandlung: Gemüse- oder Obstspieße mit Käse	

> Obst liefert schnell Energie.

Aufgaben

1. Begründe anhand der Nährwerttabelle den höheren Energiewert von Obst gegenüber Gemüse.
2. Begründe, weshalb Fruchtzucker gesünder ist als Haushaltszucker. Informiere dich zusätzlich über Zucker auf Seite 74.
3. Bewerte die Fruchtspieße unter dem Aspekt Vitamine und Mineralstoffe und mit deinem bisherigen Wissen aus der Ernährung.
4. Informiere dich im Internet über den Begriff „sekundäre Pflanzenstoffe" näher und berichte. Lies auch auf Seite 75 im Buch nach.
5. Stelle die Wirkung der Vitamine und Mineralstoffe tabellarisch dar.

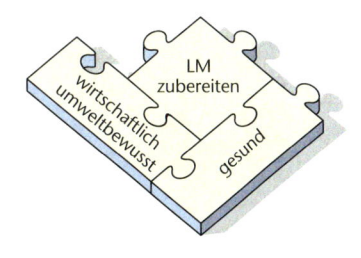

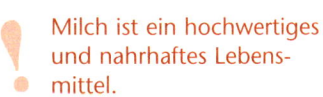

Milch und Milchprodukte – Power für Knochen und Konzentration

Milch und Milchprodukte enthalten Eiweiß, Fett, Kohlenhydrate in leicht verwertbarer Form sowie Vitamine und Mineralstoffe und helfen Nährstofflücken zu schließen. Zudem stärkt das Eiweiß das Langzeitgedächtnis; so fällt das Lernen gleich viel leichter. Calcium und Phosphor sind Mineralstoffe, die für den Aufbau und die Festigung von Knochen und Zähnen benötigt werden. Mehr als 99 % des Calciums im Körper sind im Skelett und in den Zähnen. Für eine ausreichende Versorgung mit Calcium empfiehlt die Deutsche Gesellschaft für Ernährung (DGE) Richtwerte für Säuglinge, Kinder, Jugendliche und Erwachsene.

1 Liter Milch enthält:
- 35 g Milchfett
- 33 g Milcheiweiß
- 48 g Milchzucker
- 6 g Mineralstoffe, wie Calcium, Magnesium
- Lipoide, Lezithine

Alter	Calciummenge pro Tag
Säuglinge	
0 bis 3 Monate	200 mg
4 bis 11 Monate	400 mg
Kinder	
1 bis 3 Jahre	600 mg
4 bis 6 Jahre	700 mg
7 bis 9 Jahre	900 mg
10 bis 12 Jahre	1100 mg
13 bis 14 Jahre	1200 mg
Jugendliche und Erwachsene	
15 bis 18 Jahre	1200 mg
Erwachsene ab 19 (einschließlich Schwangere und Stillende)	1000 mg

Calciummangel vermeiden
Calcium ist ein lebenslang wichtiger Knochenbaustein.
Ein Mangel an Calcium führt zu Knochenveränderungen. Bei Kindern bleiben die Knochen weich (Rachitis) und es treten Störungen bei der Zahnbildung auf.
Bei einer Unterversorgung von Erwachsenen entzieht der Körper den Knochen Kalk; eine erhöhte Gefahr von Knochenbrüchen ist die Folge. Ein spontaner Calciummangel, z. B. nach starkem Schwitzen, verursacht Muskelkrämpfe.

! Milch ist ein hochwertiges und nahrhaftes Lebensmittel.

Calciumbedarf abwechslungsreich decken
Mit einem viertel Liter Milch und drei Scheiben Käse oder etwas Vergleichbarem wie Jogurt, Quark, Käse, Kefir oder Buttermilch und ausreichend Gemüse ist der Calcium-Tagesbedarf gedeckt.
Die Palette an Milchprodukten ist breit und lässt sich vielseitig einsetzen. Milch und Milchprodukte sind die besten Calciumlieferanten unter den Lebensmitteln. Milch enthält nicht nur relativ viel, sondern auch gut verwertbares Eiweiß.

Milch und Milchprodukte – Power für Knochen und Konzentration

Milch und Milchprodukte in der Ernährung

Wem Milch pur nicht schmeckt, der kann Milch und Milchprodukte zu vielfältigen warmen Speisen verwenden. Ob süß, z. B. als Schokopudding aus der Mikrowelle, Süßer Reisbrei, Quarkauflauf, oder pikant (z. B. in Semmelknödeln, Kartoffelbrei, Nudelauflauf, Gemüseauflauf oder Lasagne), bleibt dem individuellen Geschmack überlassen. Auch Mixgetränke mit Milch sind nicht nur schmackhaft, sondern auch nahrhaft und unterstützen die geistige und körperliche Leistungsfähigkeit.

! Milch und Milchprodukte liefern reichlich
- Vitamine
- Mineralstoffe
- hochwertiges tierisches Eiweiß.

Obstmichel mit Quark

Zutaten	Arbeitsschritte
3 Eiklar	zu Eischnee schlagen, kühl stellen
3 Eigelb 80 g Zucker oder Honig 80 g Butter	schaumig schlagen
130 g Grieß	zufügen
500 g Magerquark 1 gestr. Teel. Backpulver 1 Zitrone (Schale)	dazugeben, alles vermischen und Eischnee unterheben
400–500 g Obst, z. B. Sauerkirschen, Heidelbeeren, Äpfel, Aprikosen, Birnen, Zwetschgen	vorbereiten, evtl. zerkleinern unter die Masse geben
Fett für die Form	Masse in Auflaufform füllen. Bei 200 °C ca. 40 Minuten backen.

! Obstmichel mit Quark ist eiweißreich und preiswert.

Aufgaben

1. Stelle ein Frühstück und ein Pausenbrot mit Milch und Milchprodukten zusammen.
2. Vergleiche Magerquark und Sahnequark hinsichtlich Fett-, Eiweißgehalt und Preis.
3. Suche im Rezeptteil pikante Hauptgerichte, bei denen Milch und Milchprodukte verwendet werden.
4. Vergleiche den Calciumbedarf von Menschen unterschiedlichen Alters.
5. (m) Ermittle mithilfe der Nährwerttabelle den Calciumgehalt des süßen Auflaufs.
6. (m) Ergänze die Mahlzeit mit Lebensmitteln für die Pause und das Abendessen, damit der Tagesbedarf an Calcium gedeckt wird.
7. (m) Schlage die neuen Begriffe (siehe Abbildung Milchglas) im Glossar nach und berichte.

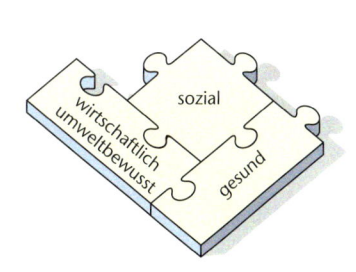

2 Gesund leben und essen

Pflanzliche und tierische Eiweißlieferanten

Pflanzliche Eiweißträger

Tierische Eiweißträger

Mit dem Kartoffelgratin lernst du ein gesundheitsbewusst zusammengestelltes Hauptgericht zuzubereiten.

Gratinieren (franz.) = überbacken

Kartoffelgratin

Zutaten	Arbeitsschritte
500 g Kartoffeln	waschen, als Pellkartoffeln kochen, schälen, in dünne Scheiben schneiden oder roh hobeln oder raspeln
1 kl. Stange Lauch 2 Karotten 1 Tasse Erbsen	putzen, waschen zerkleinern
evtl. 50 g Braten oder Schinken oder Wurst	in Würfel oder Streifen schneiden
etwas Fett	Form fetten, alle Zutaten in die Auflaufform einschichten
ca. ¼ Liter Milch ½ Becher Sahne 2 Eier	Zutaten zu Eiermilch verquirlen
Pfeffer, Muskat, Paprika, evtl. Salz, nach Belieben Kräuter	zugeben, würzen
	über die Masse geben und etwa 40 Minuten bei 220 °C in Heißluft backen;
30 g geriebener Emmentaler	zum Überbacken dazugeben
1 Essl. Sprossen und Kräuter	dazugeben.

Keimlinge
Beim Keimen und bei der Sprossenbildung erhöht sich der Eiweiß- und Vitamingehalt

Eiweiß (Protein) ist in allen tierischen Lebensmitteln enthalten. In unserem Rezept sind das Schinken oder Wurst, Eier, Milch und Sahne. In pflanzlichen Lebensmitteln kommt Eiweiß in größeren Mengen nur in Hülsenfrüchten, Getreide und Nüssen vor. Ein weiterer wichtiger Eiweißlieferant sind die Kartoffeln.

Bedarf an Eiweiß

Bei der täglichen Eiweißzufuhr benötigt der Erwachsene pro Kilogramm Körpergewicht 0,8 g Eiweiß. Das sind bei 50 kg Körpergewicht 40 g Eiweiß am Tag. Kinder und Jugendliche haben aufgrund des Wachstums einen erhöhten Eiweißbedarf.

Vom Nahrungseiweiß zum Körpereiweiß

Eiweiß ist als Bestandteil jeder Körperzelle und der Blutflüssigkeit ein unentbehrlicher Baustoff des menschlichen Organismus. Damit der Mensch körpereigenes Eiweiß aufbauen kann, braucht er eiweißhaltige Nahrung, die uns Pflanze und Tier liefern.

Das Eiweiß verschiedener Nahrungsmittel kann sich gegenseitig ergänzen. Besonders gut ergänzt sich das Eiweiß aus pflanzlichen mit Eiweiß aus tierischen Lebensmitteln. Zu einem Drittel sollte das Nahrungseiweiß aus tierischen und zu zwei Dritteln aus pflanzlichen Lebensmitteln bestehen. Der Körper benötigt deshalb weniger tierisches Eiweiß, weil es dem menschlichen Körpereiweiß ähnlicher ist und besser verwertet werden kann als pflanzliches Eiweiß. Gut ergänzen sich verschiedene pflanzliche Eiweiße oder pflanzliches und tierisches Eiweiß bei den Mahlzeiten.

Bewertung der Eiweißträger

Der Verzehr von tierischen Lebensmitteln (wie Fleisch und Wurst und Ei) ist einzuschränken, denn sie enthalten Fett sowie unerwünschte Begleitstoffe wie z. B. Purine, die Gicht auslösen und Gelenkveränderungen verursachen können. Deshalb sollten wir pflanzliches Eiweiß aus Kartoffeln, Hülsenfrüchten und Getreide bevorzugen. Auch Milch, fettarme Milchprodukte und Ei in geringen Mengen sind wertvolle, preiswerte Eiweißlieferanten. Eine Fleischmahlzeit kann durch eine Fischmahlzeit ersetzt werden. Insbesondere Seefisch enthält den Mineralstoff Jod. Zudem liefern z. B. Makrele, Lachs, Hering, Tunfisch und Sardinen lebensnotwendige ungesättigte Fettsäuren (mehr dazu auf S. 62).

Viele meinen heute angesichts des weltweiten Hungers mit Recht, dass die Eiweißproduktion durch Tiere Verschwendung und Luxus ist, da Tiere ein Vielfaches an Pflanzen fressen müssen, um den Menschen dann Fleisch liefern zu können.

Nahrungsmittel, die sich gut ergänzen

Brot + Käse

Hülsenfrüchte + Fleisch oder Getreide

Nahrungseiweiß ist biologisch hochwertig, wenn es zum größten Teil zum Aufbau von Körpereiweiß genutzt werden kann.

Nahrungs-mittel	Eiweiß in 100 g	biolog. Wertig-keit %
Eierteigwaren	13	30
Haferflocken	14	62
Roggenvoll-kornbrot	7	68
Kartoffeln	2	67
Sojabohnen	37	76
Milch	3	91
Emmentaler	28	85
Hühnerei	13	81
Rindfleisch	19	87
Hering	18	81

Ein bis zwei Fleischmahlzeiten pro Woche sind genug.

Fisch ist Bestandteil der mediterranen Küche.

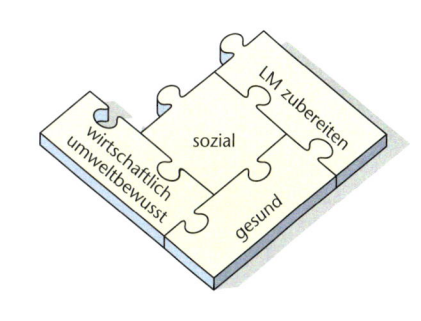

Aufgaben

1. Erkundige dich nach dem Preis verschiedener Eiweißträger und vergleiche.
2. Bewerte Kartoffelgratin nach Eiweißkombinationen und mit deinem Wissen aus der Ernährung.
3. Formuliere Regeln für eine richtige Eiweißernährung.
4. Begründe die Aussage „Weniger Fleisch ist ernährungs- und umweltbewusst".
5. Sichte das Lernprogramm „Eiweiße in der Ernährung" und begründe die Aussage: „Eiweiß sollte nur Baustoff und nicht Energielieferant sein."

2 Gesund leben und essen

Besonders Olivenöl wird in der mediterranen Küche verwendet.

❗ Bevorzuge flüssige, pflanzliche Fette.

Reines Sonnenblumenöl

100 g enthalten durchschnittlich:

Energie	kJ 3800 (kcal 900)
Eiweiß	0 g
Kohlenhydrate	0 g
Fett	**100 g**
davon:	
gesättigte Fettsäuren	13 g
einf. ungesätt. Fettsäuren	23 g
mehrf. unges. Fettsäuren	63 g
Cholesterin	unter 5 mg

Vitamin E
entspricht 550 % der empfohlenen Tagesdosis gemäß EU-Nährwert-Kennzeichnungs-Richtlinie

Hättest du das gedacht?

100 g Erdnüsse liefern 2636 kJ (630 kcal) Energie und enthalten 49 g Fett.

Fit mit wenig Fett

Fett versteckt  *Fett sichtbar*

Fett ist nicht gleich Fett

Fette sind neben den Kohlenhydraten Stärke und Zucker die zweitwichtigste Energiequelle.
Im Körper wirkt Fett als Schutzpolster vor Druck und Stoß (z. B. bei Nieren, Augen). Das Unterhautfettgewebe dient als Energiespeicher. Zu viel Fett im Körper belastet aber Wohlbefinden und Gesundheit.
Fette sind Träger der fettlöslichen Vitamine, der lebensnotwendigen ungesättigten Fettsäuren (z. B. Ölsäure, Linolsäure) sowie von Lecithin und Cholesterin. Es gibt pflanzliche Fette (z. B. Olivenöl, Sonnenblumenöl, Rapsöl) und tierische Fette (z. B. Schmalz oder Butter).
Die Beschaffenheit der Fette kann fest (z. B. Kokosfett), weich (z. B. Butter) oder flüssig (z. B. Öl) sein. Fette können in sichtbare (z. B. Butter, Margarine) und versteckte (z. B. Wurst, Käse, Nüsse) eingeteilt werden. Unter verstecktem Fett ist das nicht sichtbare Fett in Lebensmitteln zu verstehen.

Bewertung der Fette

Die wichtigsten Bestandteile der Fette sind die Fettsäuren. Der Chemiker unterscheidet gesättigte Fettsäuren (z. B. Palmitinsäure) und ungesättigte Fettsäuren. Die ungesättigten Fettsäuren sind für den Menschen lebensnotwendig, das heißt essenziell. Sie werden deshalb auch essenzielle Fettsäuren genannt. Eine ihrer Aufgaben ist es z. B., den Fettgehalt im Blut (Cholesterinspiegel) zu regulieren. Da sie der Körper nicht selbst aufbauen kann, müssen sie mit der Nahrung zugeführt werden.

Bedarf an Fett

Pro Kilogramm Körpergewicht benötigt der Mensch durchschnittlich 0,8–1 Gramm Fett am Tag. Das sind bei einem Körpergewicht von 50 kg 40–50 Gramm Fett pro Tag. Bezogen auf ein Körpergewicht von 50 kg sind das 25 g Fett als sichtbares und 25 g Fett als verstecktes Fett, verteilt auf die Tagesmahlzeiten.

Fit mit wenig Fett

Tipps für jeden Tag

Bevorzuge pflanzliche Fette und pflanzliche fetthaltige Lebensmittel, denn sie enthalten kein Cholesterin.
- Meide fettreiche Lebensmittel und Gararten.
- Verwende wenige, aber hochwertige Streichfette, z. B. Butter und rein pflanzliche ungehärtete Margarine.
- Bevorzuge für Speisen und Salate hochwertige Pflanzenöle.
- Verteile deinen Gesamttagesbedarf an Fett auf alle Mahlzeiten.

Die Fettart und den Fettgehalt der Gemüsesuppe der Saison kannst du mit deiner Zutatenauswahl selbst bestimmen.

Gemüsesuppe, z. B. Zucchinisuppe mit Einlage

Zutaten	Arbeitsschritte
400 g Zucchini	waschen, in Scheiben schneiden, würfeln
1 kleine Zwiebel	
wahlweise: 10 g Butter oder Margarine oder 10 g (1 Essl.) Öl	andünsten
¾ Liter Gemüsebrühe	aufgießen, 5–10 Minuten gar kochen Gemüse pürieren
wahlweise: ½ Becher Crème fraîche (30 % Fett) oder 150 g Dickmilch (10 % Fett) oder ⅛ Liter Vollmilch (3,5 % Fett)	zugeben
nach Belieben: 1 Essl. Bindemittel etwas Pfeffer, Zitronensaft	einstreuen Suppe leicht binden, abschmecken
wahlweise: 50 g Putenschinken (3 % Fett) oder gekochten Schinken (12 % Fett) oder Lachs (9 % Fett) oder 50 g Krabben (2,5 % Fett)	zugeben, kurz in der Suppe erwärmen, mit Kräutern und Zucchinischeiben anrichten

Tipp: Als Einlage eignen sich auch Croûtons, im Backrohr getoastet.

Nährwerte der Zucchinisuppe mit Dickmilch und Lachsstreifen pro Person:

525 KJ/125 kcal
6 g Eiweiß, 8 g Fett
7 g Kohlenhydrate

Aufgaben

1. Begründe die Aussage: Wer bei der Zubereitung von Speisen Pflanzenöl verwendet, darf als Brotaufstrich Butter nehmen.
2. Schlage auf Seite 92 nach und erkläre das Garverfahren Dünsten.
3. Überlege, warum Menschen täglich zu viel Fett zu sich nehmen.
4. Nenne Fette und fetthaltige Lebensmittel, die cholesterinfrei sind.
5. Kontrolliere dein Wissen mit Lernsoftware.
6. Lies die kleine Warenkunde über Fett Seite 76/77 und gestalte ein Plakat.

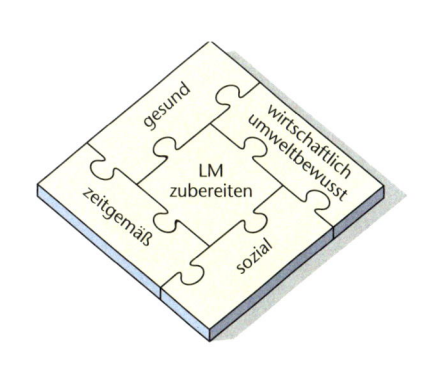

Wasser – lebensnotwendiger Bestandteil der Nahrung

Wasser ist lebensnotwendiger Nahrungsbestandteil. Ohne Wasser kann ein Mensch höchstens drei Tage leben, ohne Essen jedoch drei Wochen.

Serbisch-kroatische Kartoffelsuppe

Zutaten	Arbeitsschritte
2 Essl. Öl	erhitzen
150 g Hackfleisch 1 gewürfelte Zwiebel 1–2 Knoblauchzehen	anbraten zugeben kurz mitdünsten
3 mittelgroße Kartoffeln 1 rote und grüne Paprikaschote	vorbereiten, würfeln, andünsten
1 1/2 Liter Brühe	aufgießen Garzeit ca. 15–20 Minuten
Majoran 1 Spritzer Tabasco Kräuter nach Wahl	zufügen und abschmecken

Tipp: Jedes Saisongemüse ist geeignet. Die Suppe wird zum Hauptgericht durch Beigabe von Brot.

Florida-Drink

Zutaten	Arbeitsschritte
4–5 Saftorangen 1 Zitrone (Saft)	auspressen zugeben
1/4 Liter Ananassaft 1 Essl. Himbeersirup	zufügen, mixen, in hohe Gläser verteilen
1/4 Liter Mineralwasser Eiswürfel	auffüllen zugeben
Orangenscheiben	Verzierung für die Gläser

Tipp: Überraschungseiswürfel bereiten: Eisschale mit Fruchtsaft füllen, in jedes Quadrat ein Obststück legen und gefrieren.
Zuckerrand herstellen: Glas erst in Zitronensaft tauchen, dann in Zucker.

Wasser – lebensnotwendiger Bestandteil der Nahrung

Aufgaben des Wassers im Körper

Wasser ist der Hauptbestandteil unseres Körpers. Wasser erfüllt vielfältige Aufgaben im Körper.

Unser Körper braucht Wasser als

Baustoff	Lösungsmittel	Transportmittel	Wärmeregulator
Wasser ist Bestandteil aller Zellen und Körperflüssigkeiten wie Blut, Lymphe, Verdauungssäfte.	Die verwertbaren Nahrungsbestandteile werden in Wasser gelöst und so in die Zellen aufgenommen.	Endprodukte des Stoffwechsels, wie Harnstoff, werden in Wasser gelöst und ausgeschieden.	Durch Schweiß wird Wasser ausgeschieden.

Wassergehalt einiger Nahrungsmittel

100 g enthalten:

Gurke	97 %
Paprika	92 %
Kartoffeln	78 %
Tomate	94 %
Zwiebeln	89 %
Melone	92 %
Zitrone	90 %
Orangen	85 %
Ananas	85 %
Milch	88 %
Apfel	86 %
Eier	74 %
Rindfleisch	66 %
Weizenbrot	38 %
Butter	17 %

Der Wasserhaushalt im Gleichgewicht

Wasser ist wichtig für den Stoffwechsel, die Entgiftung der Nieren und zur Verdauung.

Wasseraufnahme
2 – 3 Liter täglich

durch Getränke 50 %
flüssige Speisen 25 %
wasserhaltige Lebensmittel 25 %

Wasserabgabe
2 – 3 Liter täglich

durch Harn, Kot, Schweiß, Haut, Atmung (Lunge)

Trinke täglich 1,5 bis 2 Liter. !

Unsere Haut gibt Flüssigkeit in Form von Schweiß ab. Dabei entsteht auf der Haut Verdunstungskälte, die die Körpertemperatur konstant hält.
Vermehrte Schweißabgabe, z. B. durch körperliche Betätigung, fieberhafte Erkrankungen, heißes Klima und trockene Räume erhöhen den Wasserbedarf.

Gesundheitsbewusst trinken

Die besten und zugleich energiefreien Durstlöscher sind Leitungswasser, Mineralwasser, Kräuter- und Früchtetees mit Zitrone. Vermeide stark gesalzene und gewürzte Speisen, damit das natürliche Durstgefühl erhalten bleibt. Trinke regelmäßig in kleinen Mengen über den Tag verteilt. So werden Herz, Kreislauf und Nieren nicht unnötig belastet.

Aufgaben

1 Führe ein Tagesprotokoll über deine Flüssigkeitsaufnahme.
2 Sichte im interaktiven Programm „Vollwertig essen und trinken" den Abschnitt „Trinken mit Verstand" und berichte.
3 Ermittle den Wassergehalt der zubereiteten Speisen.

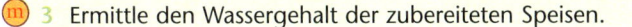

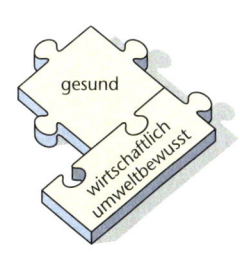

gesund
wirtschaftlich
umweltbewusst

2 Gesund leben und essen

Salzgehalt in 100 g Lebensmitteln

salzreich
Kartoffelchips	1000 mg
Camembert	über 2000 mg
Salami	über 3000 mg
Tomatenketchup	über 3300 mg
roher Schinken	über 3500 mg

salzarm
Obst	unter 5 mg
Kartoffeln	unter 8 mg
Milch, Quark, Kefir, Buttermilch	unter 125 mg
Fleisch	rund 150 mg
Fisch	rund 300 mg
frische Kräuter	0 mg

! Verwende Frischkräuter und Gewürze statt Kochsalz.

! Weniger Salz ist gesundheitsbewusst.

Gewürze kühl, trocken und dunkel lagern.

Kräuter sparen Salz ein

Schmackhaft und gesund würzen gehört zur guten Küche. Mit Wissen über Kochsalz, Kräuter und Gewürze und etwas Fantasie bei der Zubereitung von Gerichten werden Speisen aromatisch und wohlschmeckend.

Kochsalz ist eine Verbindung aus Natrium und Chlor. Täglich braucht unser Körper nicht mehr als fünf Gramm. Der Kochsalzbedarf wird aus den Nahrungsmitteln bereits ausreichend gedeckt. Zu viel Kochsalz stört den Wasserhaushalt des Körpers. Acht Gramm Salz binden einen Liter Wasser.

Kochsalz lässt sich einsparen durch:
- frische, unverarbeitete, naturbelassene Lebensmittel wie Gemüse, Obst, Getreide, Milch, Fleisch, die salzarm sind;
- Aromaschonende Garverfahren;
- Anreichern der Speisen mit Frischkräutern;
- seltene Verwendung von Fertigprodukten und Würzmischungen.

Wildkräutersuppe

Zutaten	Arbeitsschritte
4 Essl. geschrotetes Getreide, z. B. Dinkel	trocken in Topf rösten, bis es nussartig riecht
1 Liter Gemüsebrühe	aufgießen
wahlweise: frische Wild- und/oder Gartenkräuter, z. B. Löwenzahn, Brennnesselspitzen, Sauerampfer, Basilikum, Thymian, Petersilie, Kresse, Kerbel	waschen, verlesen, grob zerkleinern, fünf Minuten in der Brühe mitkochen, pürieren
1 Prise Jodsalz etwas Muskat 1/2 Becher Crème fraîche	zugeben, Suppe abschmecken
Kräuter	zum Anrichten

Empfehlungen zum Umgang mit Kräutern und Gewürzen

Für alle Gewürze gilt: Sie dürfen den Eigengeschmack der Speisen nicht überdecken. Je intensiver der Geschmack und der Geruch der Gewürze ist, umso vorsichtiger sollst du dosieren. Frische Kräuter haben Vorteile:
- Sie lassen sich leichter dosieren als getrocknete Kräuter.
- Kräuter sind aromatisch und enthalten viele Vitamine und Mineralstoffe.
- Sie machen die Speisen leichter verdaulich.
- Das Essen wird schmackhaft; Salz kann verringert oder ganz eingespart werden.

Kräuter sparen Salz ein

Frische Kräuter aus dem heimischen Garten

1. Majoran
2. Basilikum
3. Thymian
4. Salbei
5. Brunnenkresse
6. Estragon
7. Zitronenmelisse
8. Petersilie
9. Dill
10. Petersilie (kraus)

Sorte	Passt zu
Petersilie	allen herzhaften Gerichten, hauptsächlich Gemüse, Suppen und Fisch
Schnittlauch	allen herzhaften Gerichten, besonders Salatsoßen, Gemüse, Hackfleisch und Quark
Dill	Fisch und Marinaden, aber auch Gemüse, Salatsoßen und hellem Fleisch
Rosmarin	kräftigen Schmorgerichten, Eintöpfen, südlich angehauchten Gemüsegerichten
Salbei	allen Fleischgerichten, besonders Lamm und Schwein, frittiert zu Nudeln, in Teig ausgebacken als Snack
Majoran/ Oregano	Tomatensoßen, Pizza, fettreichen Schmorgerichten, Hülsenfrüchten
Thymian	geschmorten Fleisch- und Geflügelgerichten, Wild, Leber, Pilzen, geschmortem Gemüse, Tomatengerichten
Basilikum	Nudelsoßen, Tomaten- und Käsesalaten, Pilzen, hellen Fleischgerichten, Quark, Suppen, Fischsoßen
Estragon	Fisch, hellem Fleisch, Salatsoßen, Sauce béarnaise, Majonäse
Minze	Lammgerichten, Salaten, Drinks, orientalischen Hackfleischgerichten, Obstsalaten

Getrocknete Gewürze aus fernen Ländern

Gewürze sind getrocknete Pflanzenteile wie Blüten, Blätter, Samen, Wurzeln oder Rinde. Sie enthalten Aromastoffe, die den Geschmack der Speisen verbessern. Daneben bewirken ihre Inhaltsstoffe eine verstärkte Absonderung des Magensaftes. Die Verdauung wird dadurch erleichtert. Die meisten Gewürze kommen aus den tropischen Ländern der Erde. Damit das Aroma erhalten bleibt, Gewürze dunkel, trocken, kühl und gut verschlossen lagern.

Aufgaben

1 Stelle den Unterschied zwischen Kräutern und Gewürzen heraus.
2 Nimm Stellung zu der Aussage: würzig, aber nicht salzig.
3 Gestalte in der Gruppe vier Memory-Karten über Kräuter.
4 Teste deine Kenntnisse mit Lernsoftware.
5 Pflanze Kräuter im Schulgarten oder säe Kresse an.

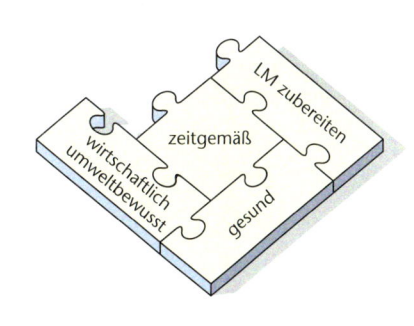

Die Geheimnisse der mediterranen Küche

Jeder kennt die so genannte mediterrane Küche aus dem Urlaub im Süden oder vom „Italiener" oder „Griechen" um die Ecke. Sie ist längst Inbegriff von Genuss und Lebensfreude. In den Mittelmeerländern messen die Menschen dem Ritual des Kochens und dem Essensgenuss, auch unter dem Aspekt des gemeinschaftlichen Essens als Kommunikationsbörse, eine hohe Bedeutung bei. Nicht die schnelle Sättigung steht im Vordergrund, vielmehr geht es auch um Genuss und ein geselliges Beisammensein. Mediterrane Küche ist ein Zusammenspiel von Ernährungsweise, Lebensart und Klima.

„Olio extra vergine di Oliva" ist das kaltgepresste, native, nicht raffinierte Olivenöl

Grundsätze der mediterranen Ernährung

Mediterrane Speisen sind vielfältig, leicht und bekömmlich. In der mediterranen Küche wird besonderer Wert gelegt auf frisches Gemüse und Obst, reichlich Fisch und Meeresfrüchte und wenig Fleisch. Reichlich verzehrt werden auch stärke- und ballaststoffhaltige Lebensmittel, besonders Nudeln ohne Ei, Reis, Kartoffeln, Brot und Hülsenfrüchte. Brot ist Bestandteil jeder Mahlzeit. Auf tierische Fette wird weitgehend verzichtet, dafür werden pflanzliche Öle, insbesondere Olivenöl, zur Speisenzubereitung, für Rohkostsalate und zum Einlegen von Käse verwendet. Kräuter, Knoblauch und Gewürze verfeinern die Speisen. Die meisten Zutaten werden gegenüber dem Rohzustand nur wenig verändert.

Mediterrane Ernährung auch bei uns

Trotz der klimatischen Unterschiede lassen sich die Grundsätze mediterraner Ernährung auch in Deutschland problemlos umsetzen. Produkte wie Olivenöl gibt es überall. Wer den Geschmack von Olivenöl nicht mag, verwendet als gesunde Alternative das geschmacksneutrale Rapsöl. Entscheidend ist die Frische der verwendeten Lebensmittel. Selbstverständlich eignet sich bestens dazu unser einheimisches Saisonobst und Saisongemüse. Zudem sind kurze Transportwege ein Beitrag zum Umweltschutz.

Die Geheimnisse der mediterranen Küche

Bedeutung der mediterranen Ernährung

Wissenschaftler haben im internationalen Vergleich festgestellt, dass im mediterranen Raum Bluthochdruck, Diabetes, erhöhte Blutfettwerte, Herz-Kreislauf-Erkrankungen und bestimmte Tumorerkrankungen weniger verbreitet sind. Diese Erkenntnis ist wesentlich auch auf die Besonderheiten der mediterranen Ernährungs- und Lebensweise zurückzuführen.

Griechischer Bauernsalat – Choriátiki saláta

Zutaten	Arbeitsschritte
1 Salatgurke, ungespritzt	gründlich waschen, mit der Schale in Scheiben oder Würfel schneiden
500 g Tomaten	vorbereiten, in Scheiben, Achtel oder Würfel schneiden
2 kl. Zwiebeln oder 1 Bund Frühlingszwiebeln	vorbereiten, in feine Ringe schneiden
1 Paprikaschote	vorbereiten, in feine Streifen schneiden
150 g Schafskäse	würfeln, alles mischen und auf Tellern verteilen
nach Belieben schwarze Oliven, einige eingelegte (milde) Peperoni, 1 Teel. Kapern	auf dem Salat verteilen
4–5 Essl. Olivenöl 3–4 Essl. Essig 1 Zitrone (Saft) etwas Salz, Pfeffer, frisch gemahlen 1 Teel. frischen oder getrockneten Oregano	mischen, Marinade auf dem Salat verteilen
Tipp: Geeignet als Vorspeise oder Hauptgericht	

Kräuter, Gewürze und Olivenöl sind typisch für die mediterrane Küche. Knoblauch kommt nicht in jedes Gericht.

Aufgaben

1 Nenne die wesentlichen Grundsätze der mediterranen Ernährung.

2 Stelle die Vorteile der mediterranen Küche heraus und begründe.

(m) 3 Vergleiche die Empfehlungen der Deutschen Gesellschaft für Ernährung (DGE) laut Ernährungskreis Seite 50 mit den Grundsätzen der mediterranen Küche. Stelle Gemeinsamkeiten und Unterschiede tabellarisch dar.

(m) 4 Lies die Warenkunde über Öle auf Seite 77 nach und berichte.

(m) 5 Informiere dich im Internet unter dem Suchbegriff „DGE" über die zehn Empfehlungen für eine vollwertige Ernährung.

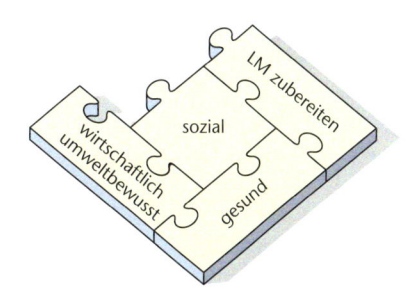

2 Gesund leben und essen

Hygiene hält gesund

Eine Lebensmittelvergiftung ist nicht harmlos; bei Säuglingen, Kleinkindern, Kranken und älteren Menschen ist sie nicht selten sogar lebensbedrohlich.

Unsaubere Kleidung, verschmutzte Arbeitsgeräte und nicht sachgerecht gelagerte Lebensmittel sind ein idealer Nährboden für Krankheitserreger. Feuchtigkeit und gleichmäßige Wärme begünstigen das Wachstum von Bakterien, Schimmelpilzen und anderen Krankheitserregern. Besonders gefährdet sind eiweißhaltige Nahrungsmittel wie Fleisch, Fisch und Eier. Innerhalb von vierundzwanzig Stunden können Bakterien durch Teilung auf zweihundert Trillionen anwachsen, eine unvorstellbare Menge! Eine Kette daraus würde sechsmal um die Erde reichen.

Durch die tiefen Temperaturen in Kühlschrank und Tiefkühltruhe wird die Vermehrung der Bakterien gehemmt, durch hohe Temperaturen, z. B. durch Kochen oder Braten, werden die Bakterien getötet.

Richtiges Verhalten verhindert die Übertragung von Bakterien.

Hygiene beginnt zuerst bei dir selbst

Haare bändigen 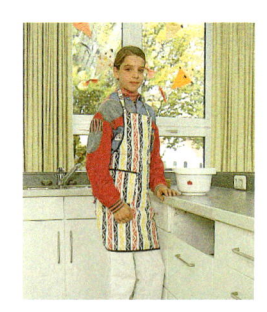 *Saubere Schürze*  *Hände waschen, Wunden sorgfältig verbinden*

Pflasterwundverband
Schutzfolien nacheinander abziehen, ohne das Mullkissen zu berühren

Hygiene am Arbeitsplatz

Das Bundesgesundheitsministerium hat festgestellt, dass der Einsatz einfacher Reinigungsmittel wie Spülmittel ausreicht, um ein gesundheitsgefährdendes Bakterienwachstum zu vermeiden. Du selbst kannst für saubere Arbeitsflächen, saubere Lappen, Schwämme und Bürsten sorgen, Spülbecken und Abflüsse reinigen, nach Verwendungszweck unterschiedliche Tücher einsetzen und Abfälle in getrennten Behältern entsorgen. Wenn du Arbeitsflächen und Boden sauber hältst, vermeidest du auch Unfälle in der Schulküche.

! Regelmäßige und gründliche Hygiene schützt dich vor Krankheiten.

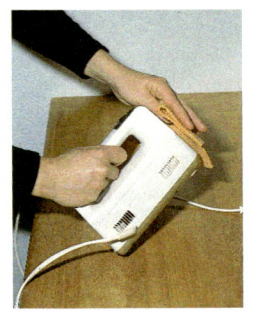

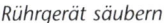

Hygiene hält gesund

Rührgerät säubern 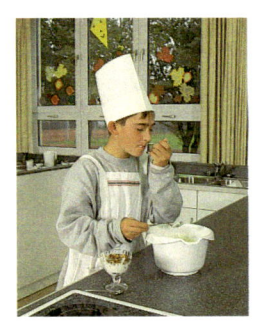 — *Kostprobe hygienisch*  — *Für jeden Zweck ein Tuch*  — *Verderbliche Lebensmittel kühlen*

Lebensmittel hygienisch verarbeiten

Die veränderte Tierhaltung und der oft sorglose Umgang mit Lebensmitteln erklären die Zunahme von Krankheiten, deren Erreger Salmonellen sind. Salmonellen verursachen gefährliche Durchfallerkrankungen, die von hohem Fieber begleitet werden. Salmonellen werden hauptsächlich durch tierische Lebensmittel übertragen. Besonders gefährdet sind Geflügel, Hackfleisch, Eier und Produkte, die daraus hergestellt sind, z. B. Majonäse, Tortenfüllungen, Cremespeisen und Eis. Aber auch durch Hände, Kleidung, Arbeitsgeräte usw. werden die gefährlichen Krankheitserreger auf andere Lebensmittel übertragen.

Dein Risiko zu erkranken verringert sich, wenn du auf Speisen mit rohen Eiern verzichtest, Eier im Kühlschrank lagerst und Speisen abgedeckt und kühl aufbewahrst. Besondere Vorsicht ist bei Tiefkühlgeflügel geboten. Taue dieses nur im Kühlschrank auf, gieße das Abtauwasser weg und gare das Fleisch gut durch.

Halte Speisen nicht unnötig auf dem Herd warm, nutze dazu die Mikrowelle, um Portionen kurzzeitig zu erhitzen.

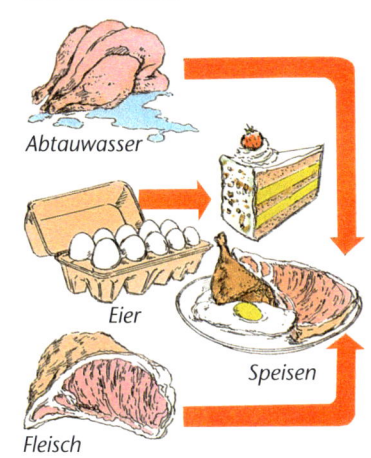

Situationen für besondere Hygiene

Bei der Betreuung von Kleinkindern und Kranken sind besondere Hygienemaßnahmen erforderlich. Die Trinkflasche für den Säugling wird durch Erhitzen von Bakterien befreit. Bei Säuglingen und Kleinkindern sind regelmäßige Körperpflege und regelmäßiger Wäschewechsel unerlässlich. Nur bei Erkrankungen ist der Einsatz von Desinfektionsmitteln zur Reinigung von Wohnraum, Bad und Händen anzuraten.

Durch Salmonellen besonders gefährdete Lebensmittel

Abtauwasser — Eier — Speisen — Fleisch

Hygiene betrifft
- die Person
- den Arbeitsplatz
- die Lebensmittel

Aufgaben

1. Begründe die Forderung nach sauberer Arbeitskleidung.
2. Nenne und berücksichtige die Hygienemaßnahmen beim Zubereiten eines Mixgetränks aus dem Rezeptteil (Seite 137).
3. Stelle einen Zusammenhang her zwischen Hygiene und Gesundheit.

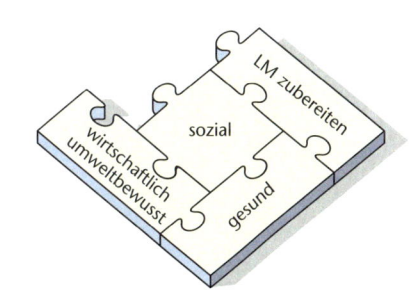

2 Gesund leben und essen

Empfehlungen für eine gesunde Lebensweise

Hunger und Durst sind angeborene Bedürfnisse, so genannte Trieb- oder Vitalbedürfnisse. Der Mensch hat in den verschiedenen Lebensphasen – vom Säugling bis zum Senior – ganz unterschiedliche Ernährungsbedürfnisse.

Aber nicht nur die Essensaufnahme, sondern auch das persönliche Umfeld ist entscheidend für das Wohlbefinden. Das fürsorgliche Verpflegen des Säuglings und das gemeinsame Essen in der Familie befriedigen die Bedürfnisse aller Personengruppen.

Ernährungsbedürfnisse unterschiedlicher Personengruppen

Personengruppen	Ernährungsbedürfnisse	Lebensmittel und Speisen
Säugling 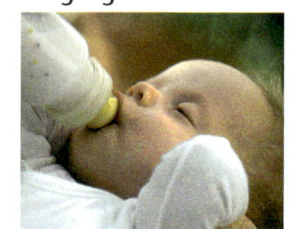	Die Organe und der Stoffwechsel des Säuglings sind noch nicht voll entwickelt. Deshalb muss Babykost leicht verdaulich sein.	▪ Muttermilch ▪ Milch, Milchbrei (später) ▪ Gemüse- und Obstbrei ▪ Tee Biologische Lebensmittel sind besonders geeignet.
Kind und Jugendlicher 	Für Kinder und Jugendliche eignet sich die gesunde und abwechslungsreiche Kost der Erwachsenen. Der Eiweiß- und Mineralstoffbedarf ist wegen des Wachstums und Zellaufbaus erhöht.	▪ Frisches Obst und Gemüse ▪ Milch und Milchprodukte ▪ Getreide, Kartoffeln, Nudeln ▪ mageres Fleisch, Fisch und Ei ▪ hochwertige Pflanzenöle ▪ reichlich Flüssigkeit ▪ Süßigkeiten nur in Maßen (Kost nach Regeln der DGE)
Erwachsener 	Schwangere und Stillende sollten die Ernährung auf die Bedürfnisse des Kindes abstimmen. Verzicht auf Alkohol, Bohnenkaffee, Zigaretten und Medikamente.	▪ Frisches Gemüse und Obst ▪ Milch und Milchprodukte, damit genügend Eiweiß, Vitamine und Mineralstoffe aufgenommen werden ▪ Fisch, Fleisch und Eier ▪ fettarme Zutaten und Zubereitung leicht bekömmlicher Speisen
Senior/-in 	Dem schnelleren Abbau der Zellen muss durch gezielte Ernährung entgegengewirkt werden. Knochenstabilität und Muskelmasse können durch regelmäßige Bewegung länger erhalten werden.	▪ Frische und vollwertige Lebensmittel und Speisen ▪ Gemüse, Obst, Milchprodukte, Fisch (eiweiß-, vitamin-, mineralstoff- und ballaststoffreich), fettarm zubereitet ▪ ausreichende Flüssigkeitszufuhr, über den Tag verteilt Biologische Lebensmittel sind besonders geeignet.

Empfehlungen für eine gesunde Lebensweise

Zusammenhang zwischen Ernährung und Wohlbefinden

Neben einer ausgewogenen Ernährung gibt Bewegung unserem Körper einen gesunden Kick. Wer rastet, der rostet! Bewegungsmangel verursacht zahlreiche Gesundheitsschäden. Wer seinen Körper auf Trab bringt und den Kreislauf in Schwung hält, ist widerstandsfähiger gegen Krankheiten. Dazu ist kein Leistungssport nötig. Bewegung hilft auch Stress abzubauen und sich zu entspannen. Viele Krankheiten hängen mit einer ungünstigen Lebensweise und Ernährung zusammen. Einseitige und zu üppige Ernährung kann zu Übergewicht führen. Wer Übergewicht hat, bewegt sich nicht mehr gerne. Auf die Dauer kann das ungünstige Folgen haben und z. B. Bluthochdruck, Stoffwechselerkrankungen, Schädigung der Gelenke verursachen. Eine überlegte Lebensmittelauswahl nach dem Ernährungskreis der DGE ist ein aktiver Beitrag zur Vorbeugung ernährungsbedingter Gesundheitsstörungen.

Vorbeugen ist sinnvoll und billiger als heilen

Angesichts laufend steigender Kosten im Gesundheitswesen, davon 50 Milliarden € alleine verursacht durch Folgen ernährungsbedingter Krankheiten – das sind 30 % der Gesamtausgaben – muss unter volkswirtschaftlichen Gesichtspunkten der Vorbeugung von Krankheiten ein großer Stellenwert eingeräumt werden. Kinder, Jugendliche und Erwachsene sollen mehr Wert auf eine gesunde Lebensweise legen, die mit bewusster Ernährung und viel körperlicher Bewegung einhergeht. Dazu bieten das Bundesministerium, viele Verbände, Vereine und die Gesundheitskassen gesundheitserhaltende Maßnahmen an. Von der Beratung durch Fachpersonal über Informationsmaterial bis hin zu betreuten gemeinsamen Bewegungsaktionen reicht die Angebotspalette. Die Schaffung gesunder Lebens- und Arbeitsbedingungen ist eine gesamtgesellschaftliche Aufgabe.

Verantwortung übernehmen für die eigene Gesundheit

Die Erhaltung der eigenen Gesundheit ist nicht nur vorteilhaft für die eigene Person, sondern auch ein wichtiger Beitrag für die Gemeinschaft. Vorbeugung ist eine sich für jeden Menschen lohnende Investition in die Zukunft um besser, länger und gesünder leben zu können.

Aufgaben

1 Informiere dich im Internet. Gib dazu unter „Google" den Suchbegriff „Kosten im Gesundheitswesen" ein und notiere die aktuelle Höhe der Ausgaben.

2 Überdenke deine Ernährung und Lebensweise und versuche Verbesserungsmöglichkeiten zu entwickeln.

3 Stelle Gemeinsamkeiten und Unterschiede bei den Ernährungsbedürfnissen vom Säugling bis zum Senior heraus.

Progressives Muskeltraining zur Entspannung, evtl. mit Musik

Für alle Übungen gilt:
Muskel 15 Sekunden anspannen, dann 45 Sekunden entspannen.

Beispiele:
- **Hände** zu Fäusten ballen.
- **Oberarme** seitlich gegen den Körper pressen.
- **Schultern** so weit wie möglich nach oben ziehen.
- **Nacken:** Das Kinn gegen das Brustbein drücken.
- **Augen:** Die Augenbrauen nach unten ziehen und die Augen fest zukneifen.
- **Mund:** Die Lippen zusammenpressen.
- **Bauch:** Den Bauch einziehen und die Bauchdecke hart machen.
- **Oberschenkel:** Die Knie gegeneinanderdrücken.
- **Waden:** Beine ausstrecken, die Zehenspitzen zu sich hochziehen.

2 Gesund leben und essen

Power-Riegel
Zutaten: Haferflocken, Pflanzenfett, Rohrzucker, Fruchtmark, Fructose, Maltose, Salz

Apfelriegel
Zutaten: Trockenäpfel, Apfeldicksaft, Mandelkerne, Honig, Rosinen, Oblaten, Zimt, ohne Farbstoff, ohne Aroma

! Süßes ja, aber in Maßen!

Wissenswertes über Zucker

Ein Blick auf die Zutatenliste von verpackten Lebensmitteln und Flaschenetiketten verrät, ob ein Produkt Zucker enthält.

Synonyme für Zucker
Saccharose ist der bekannte Haushaltszucker aus Rüben oder Zuckerrohr. *Glukose* und *Dextrose* sind Bezeichnungen für Traubenzucker. Er ist in Honig und süßen Früchten enthalten.
Maltose ist Malzzucker und schmeckt weniger süß als Zucker. Malzzucker kommt in Honig, Brot, Bier und Malzextrakt vor.
Maltodextrin ist ein Zucker, der aus Stärke gewonnen und als Verdickungsmittel für Soßen und Cremes verwendet wird.
Fructose ist Fruchtzucker, kommt in Obst und Honig vor und hat von allen Zuckerarten die größte Süßkraft (120 % im Vergleich zum Rübenzucker). Fructose wird auch als Zuckeraustauschstoff für Diabetiker-Lebensmittel eingesetzt. *Lactose* ist Milchzucker aus Milch und Milchprodukten. Lactose wird industriell als Binde- und Füllmittel genützt. *Glukosesirup* entsteht beim Abbau von Maisstärke und kann Zucker in Backwaren ersetzen.
Honig und *Sirup* sind naturbelassene Produkte, enthalten neben Zucker auch Vitamine, Mineralstoffe und weitere Vitalstoffe.

Versteckter Zucker kann zu Übergewicht führen
Lebensmittel wie Milch und Obst sind von Natur aus süß.
Nicht der Zucker in natürlichen Lebensmitteln ist jedoch verantwortlich für die Häufigkeit von Karies und Übergewicht; es ist vor allem der versteckte Zucker in Süßigkeiten, Schokolade, Schokoriegeln, Keksen und Kuchenstücken, Cornflakes, Fertiggerichten, Fertigsoßen und Marinaden sowie in Getränken.

Zu viel Zucker schadet der Gesundheit
Werden durch die Nahrung mehr Zucker und Stärke aufgenommen als zur Energiegewinnung benötigt wird, speichert der menschliche Körper eine geringe Menge Kohlenhydrate in Leber und Muskulatur in Form von Glykogen. Sind die Speicher gefüllt, werden die überschüssigen Kohlenhydrate in Fett umgewandelt.

Der Tagesbedarf an Kohlenhydraten
Er beträgt pro Kilogramm Körpergewicht 4 – 6 Gramm. Bei 50 kg Körpergewicht sind das am Tag 200 bis 300 g Kohlenhydrate.

Aufgaben
1 Errechne deinen Kohlenhydratbedarf pro Tag.
2 Überlege Vorschläge, wie zu viel Zucker vermieden werden kann.
3 Bewerte die Zutaten im Apfelriegel.

Sekundäre Pflanzenstoffe als Gesundheitsschutz

Die Weltgesundheitsorganisation (WHO) hat festgestellt, dass 2,7 Millionen Todesfälle jährlich auf einen zu geringen Obst- und Gemüsekonsum zurückzuführen sind. Wenn dagegen mehr Obst und Gemüse gegessen wird, dann stimmt das Nährstoffkonto: mehr Kohlenhydrate, mehr Ballaststoffe, reichlich Vitamine und Mineralstoffe, wenig Fett und als besondere Zugabe die sekundären Pflanzenstoffe.

Arten und Vorkommen der sekundären Pflanzenstoffe

Sekundäre Pflanzenstoffe werden in zehn verschiedene Gruppen eingeteilt. Die bekanntesten sind aus den beiden Tabellen zu ersehen.

! Ernährung – bunt ist gesund.

Bioaktive Stoffe in Gemüse

	Carotinoide	Glucosinolate	Sulfide	Flavonoide	Phenolsäuren	Phytosterine	Monoterpene
Aubergine	●			●	●	●	
Blumenkohl		●		●	●	●	
Brokkoli	●	●	●	●	●	●	
Gurke					●	●	
Kohlrabi		●			●		
Kürbis	●				●	●	
Lauch	●		●		●		
Paprika	●			●	●		
Rosenkohl		●		●	●	●	
Blaukraut	●	●		●	●	●	
Salat	●			●	●		
Spinat	●				●	●	
Tomate	●			●	●	●	●
Weißkraut		●		●	●	●	
Wirsing	●	●		●	●		

Bioaktive Stoffe in Obst

	Carotinoide	Glucosinolate	Flavonoide	Phenolsäuren	Phytosterine	Monoterpene
Apfel			●	●		
Banane	●		●		●	
Birne			●			
Brombeere	●		●	●		
Erdbeere			●	●		
Heidelbeere	●		●	●		
Himbeere			●	●		
Kiwi	●		●	●		
Mandarine	●		●	●		
Orange	●		●	●		●
Pflaume			●	●		
Weintraube			●	●		
Zitrone	●		●	●		●

Schützende Wirkung der sekundären Pflanzenstoffe

Die Geruchs-, Geschmacks- und Farbstoffe haben eine positive Wirkung auf den Körper. Sie schützen vor Bakterien, Viren und Pilzen sowie Entzündungen, stärken das Immunsystem, verhindern Zellschäden, unterstützen die Verdauung, senken den Cholesterinspiegel und verringern das Risiko an Diabetes, Krebs oder Herz-Kreislauf-Leiden zu erkranken.

! Iss nach den Ampelfarben: Rot, Gelb, Grün.

Aufgaben

1 Erläutere die abgebildeten Tabellen über Gemüse und Obst.

2 Informiere dich im Internet unter dem Suchbegriff „sekundäre Pflanzenstoffe" näher und berichte.

2 Gesund leben und essen

Fette und fetthaltige Lebensmittel im Vergleich

Tierische und pflanzliche Fette und fetthaltige Lebensmittel unterscheiden sich in der Zusammensetzung.

Fett-, Fettsäuregehalt und Cholesterinmenge verschiedener Lebensmittel

je 100 g enthalten	Fett	Fettsäuren		Cholesterin
		gesättigt	mehrfach ungesättigt	
	g	%	%	mg
Butter	83	63	4	240
Sonnenblumenmargarine	80	18	41	0
Sonnenblumenöl	100	11	57	0
Olivenöl	93	14	9	0
Rapsöl	100	8	58	0
Schweinekeule	24	42	10	70
Salami	50	42	10	85
Trinkmilch	3,5	65	4	11
Schlagsahne	32	65	4	120
Speisequark (40 %)	11	63	4	37
Speisequark mager	0,3	65	4	1
Edamer (30 %)	16	65	4	46
Makrele	12	44	29	70
Forelle	2	29	40	55
Haselnüsse	62	7	12	0
Walnüsse	63	11	73	0

Bewertung der Fette und fetthaltigen Lebensmittel
Nur pflanzliche Fette und pflanzliche fetthaltige Lebensmittel sind cholesterinfrei. Rapsöl hat von allen Ölen den niedrigsten Gehalt an gesättigten Fettsäuren.

Bedeutung ungesättigter Fettsäuren
Olivenöl und Rapsöl haben auch einen hohen Anteil an einfach ungesättigten Fettsäuren. Diese wirken sich günstig auf den Cholesterinspiegel im Blut aus. Besonders wertvolle mehrfach ungesättigte Fettsäuren sind die so genannten Omega-3-Fettsäuren. Sie verbessern die Fließeigenschaften des Blutes und können Gefäßkrankheiten vorbeugen. Omega-3-Fettsäuren kommen reichlich in fetthaltigen Fischarten wie Hering, Makrele und Tunfisch vor.

! Zu viel Cholesterin im Blut schadet den Gefäßen.

! Ungesättigte Fettsäuren sind essenziell, d. h. lebensnotwendig.

Gehalt an einfach ungesättigten Fettsäuren

Olivenöl	70 %
Rapsöl	60 %
Sonnenblumenöl	33 %

Kleine Warenkunde über Fette und Öle

Margarine besteht zu 80 % aus Ölen und Fetten, hauptsächlich pflanzlicher Herkunft, und zu einem geringen Teil aus tierischem Fett. *Butter* wird aus Rahm der Kuhmilch gewonnen. Wir unterscheiden Süßrahm- und Sauerrahmbutter. *Speiseöle* bestehen zu 100 % aus Fett, sind wasserfrei und höher erhitzbar als Margarine und Butter.

Industriell erzeugte Speiseöle

Pflanzenfrüchte oder Pflanzensamen (z. B. Oliven, Sonnenblumenkerne) werden mit hohen Temperaturen gepresst. Dadurch ist die Ölausbeute höher. Das im Presskuchen verbleibende Restöl wird dann mithilfe von Wärme und Fettlösungsmitteln herausgelöst. Das Lösungsmittel wird durch Verdampfen (Destillation) wieder entfernt. Danach erfolgt die so genannte Raffination, bei der das Öl entschleimt, entsäuert, gebleicht und gedämpft wird. Es entstehen geruchs- und geschmacksneutrale, hellgelbe und klare Öle.

Rapsfeld

Kaltgepresste Speiseöle

Bei der Herstellung dieser Öle werden die fettreichen Samen oder Früchte nach der Ernte gereinigt und dann ohne äußere Hitzezufuhr rein mechanisch gepresst. Nach dem Pressvorgang werden native Öle nur gefiltert und abgefüllt. Es entstehen hochwertige edle Öle mit sortentypischem Aroma.

Nativ extra = kaltgepresstes Öl, erste Güteklasse.

Native Speiseöle für die genussbetonte Küche

Olivenöl und Basilic

Olivenöl und Basilikum sind typisch für die Küche des Mittelmeerraumes. Aus Olivenöl und frischem Basilikum entsteht Basilic. Besonders geeignet ist es für Tomaten- und Nudelgerichte.

Sonnenblumenöl

Sonnenblumenöl ist von goldgelber Farbe und leicht nussigem Geschmack. Es eignet sich zum Dünsten, Backen, für Salate/Rohkost.

Rapsöl

Rapsöl ist leuchtend gelb und schmeckt leicht nussig. Es eignet sich für die kalte und warme Küche. Es kann zum Backen, Braten und sogar zum Frittieren verwendet werden.

Im Mittelmeerraum wachsen ca. 80 % der Olivenbäume weltweit.

Aufgaben

1. Suche aus der Tabelle die Lebensmittel heraus, die bevorzugt in der mediterranen Küche verwendet werden.
2. Vergleiche die Speiseölgewinnung und bewerte die Öle nach Farbe, Geschmack und Preis.
3. Nenne die Vorzüge pflanzlicher Öle für die Gesundheit.
4. Informiere dich im Internet unter dem Suchbegriff „Cholesterin".

Sonnenblumen

Ernährungswissen und Ernährungsverhalten

Kenntnisse über Ernährungsempfehlungen sind wichtig, um Lebensmittel, Speisen und Tagespläne bewerten zu können. Die Zutaten für die Nudelpfanne und die Zubereitung entsprechen den Grundsätzen der mediterranen Küche.

Nudelpfanne

Zutaten	Arbeitsschritte
250 g Vollkornnudeln	in reichlich Salzwasser kochen
2 Zwiebeln je 1 rote/gelbe Paprikaschote 1 Stange Lauch 2 Essl. Öl, z. B. Olivenöl etwas Brühe	würfeln waschen, zerkleinern erhitzen, Gemüse andünsten aufgießen, 5 Minuten garen Nudeln und Gemüse mischen
1 Essl. Essig 2 Essl. Sonnenblumenkerne oder Sesam Pfeffer	abschmecken
Petersilie	anrichten und garnieren

Die zehn Ernährungsempfehlungen der Deutschen Gesellschaft für Ernährung (DGE)

1. Genieße die Lebensmittelvielfalt.
2. Beziehe in jede Mahlzeit Getreideprodukte oder Kartoffeln ein.
3. Iss Gemüse, Salat und Obst möglichst frisch. Beachte kurze Garzeiten.
4. Verwende täglich Milch und Milchprodukte, aber nur einmal pro Woche Fisch, Fleisch und Eier in Maßen.
5. Bevorzuge pflanzliche Fette, besonders Öle und fettarme Lebensmittel.
6. Verwende wenig Salz und Zucker, dafür viele frische Kräuter.
7. Trinke reichlich Flüssigkeit, vorwiegend energiearme Getränke.
8. Bereite Speisen schmackhaft und schonend zu.
9. Nimm dir Zeit und genieße das Essen.
10. Achte auf dein Gewicht und bewege dich regelmäßig.

Aufgaben

1 Erstelle einen Tagesspeiseplan unter Einbeziehung der Nudelpfanne mit deinem Wissen aus den Ernährungsempfehlungen.

2 Bereite die Nudelpfanne nach mediterranen Grundsätzen zu und achte auf die Hygiene.

3 Vergleiche die Hygienemaßnahmen in der Schule mit denen von zu Hause.

! Gesundheitsbewusste Ernährung und Lebensweise lässt sich leicht verwirklichen.

! Naturbelassene Lebensmittel sind gesundheitsbewusst.

Ernährungswissen anwenden

Station 1
1. Bewerte deinen Tagesspeiseplan mit der Nudelpfanne.
2. Vergleiche deinen Tagesspeiseplan mit dem Musterspeiseplan unter dem Aspekt gesundheitsbewusste Ernährung.

Musterspeisepläne

	Montag	Dienstag	Mittwoch
Frühstück	Vollkornbrot mit Quark und Marmelade Früchtetee (1/2 Liter)	Früchtemüsli mit Honig und Jogurt Früchtetee (1/2 Liter)	Toastbrot mit Butter Vollkornbrot mit Marmelade Kakao (1/2 Liter)
Pause	1 Apfel Käsebrot	1 Orange Vollkornbrot mit Gemüse der Saison	1 Jogurt 1 Birne 1 Breze
Mittagessen	Nudelpfanne Mineralwasser (1/2 Liter)	Käsespätzle Karottenrohkost Fruchtsaftschorle (1/2 Liter)	Fischfilet, paniert Kräuterkartoffeln Tomatensalat Fruchtsaftschorle (1/2 Liter)
Brotzeit	1 Banane Apfelsaftschorle (1/4 Liter)	Schokolade Milch (1/4 Liter)	Mineralwasser (1/4 Liter) 1 Rosinensemmel
Abendessen	Bunter Salatteller mit Ei und Toast Tee (1/4 Liter)	Salamibrot mit frischer Gurke Zitronentee (1/4 Liter)	Vollkornbrot mit Käse und Paprikaschote Kräutertee (1/4 Liter)

Station 2
Beurteile die zusammengestellten Lebensmittel aus dem Musterspeiseplan nach den Empfehlungen der DGE und der mediterranen Küche.

Vollkornbrot Nudeln Toastbrot Breze, Semmel Kartoffeln Müsliflocken	Marmelade Honig Schokolade	Salat Kräuter Karotten Gurke Paprikaschote Zwiebel Tomaten Apfel	Orange Banane Zitrone Birne	Milch Kakao Käse Jogurt Quark	Salami Ei Fisch Butter Öl	Wasser Tee Apfelsaftschorle

Station 3
Arbeite am Computer
1. Öffne am Bildschirm die vorbereitete Datei „Nudelpfanne".
2. Bewerte die Zutaten und die Zubereitung der Nudelpfanne und schreibe dazu 3 – 4 Merksätze unter das Rezept.
3. Speichere das Rezept und drucke es aus.

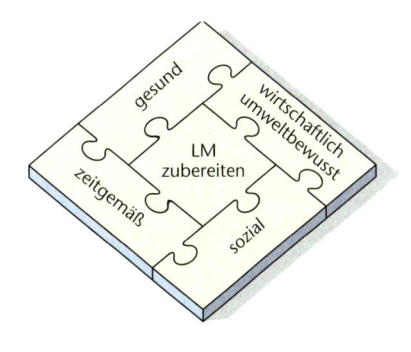

2 Gesund leben und essen

80

Übung macht den Meister

rallye

Vitamine und Mineralstoffe

Wasser

ZIEL

Übe dich im Gespräch beim Lösen der Testaufgaben zur Fitnessrallye

Nur wer den Mitschülern etwas erklären kann, hat anwendbares Wissen.

Spielregeln für 2–4 Spieler
(Spielfeld, S. 80/81, 4 Spielsteine, Würfel)
Entwickle eigene Spielregeln oder übernimm den Vorschlag.
1. Fragen auf Karten schreiben und sortieren.
2. Jeder Spieler muss eine Frage zum Feld „Ernährungsregeln" beantworten, sonst darf er nicht sofort starten.
3. Voranrücken wie bei bekannten Brettspielen.
4. Kommt ein Spieler auf eines der Ereignisfelder, muss er eine Karte aus dem entsprechenden Kartenstapel ziehen und die Frage beantworten.
5. Wer zuerst am Ziel ist, hat gewonnen.

Tipp: Formuliere auch selbst Fragen für das Spiel.

Gesprächsablauf in der Gruppe
(Frage, Antwort, Gegenfrage, Wissen beweisen, Zusammenfassung)
1. Ziehe eine Karte und lies die Aufgabe vor.
2. Antworte in klaren Sätzen.
3. Auf jede Antwort muss mindestens eine Rückfrage von den Mitschülern erfolgen. Bei der Beantwortung kannst du dein Wissen beweisen.
4. Nach jedem Kapitel formulieren alle Mitspieler der Gruppe je einen Merksatz.

Tipp: Zur Kontrolle kannst du im Buch nachschlagen und vorlesen.

Ernährungsregeln
1. Begründe das Sprichwort: „Der Mensch ist, was er isst!"
2. Zähle einige Esssünden auf.
3. Nenne alle Nährstoffe.
4. Erkläre die Begriffe Lebensmittel und Genussmittel.
5. Wie heißt die Tabelle, die dich über die Inhaltsstoffe der Lebensmittel informiert?

Getreide, Gemüse und Obst liefern Kohlenhydrate
6. Nenne die drei Arten der Kohlenhydrate.
7. Vergleiche Weißbrot und Vollkornbrot.
8. Zähle wertvolle kohlenhydratreiche Lebensmittel auf.
9. Nenne den Tagesbedarf an Ballaststoffen.
10. Nenne drei Regeln für eine gesunde Ernährung mit Kohlenhydraten.
11. Vergleiche Zucker und Honig.

Fette und fetthaltige Lebensmittel
12. Was sagt der Ausspruch: „Fett ist nicht gleich Fett"?
13. Wie lassen sich Fette einteilen?
14. Welche Bedeutung haben Fette mit ungesättigten Fettsäuren?
15. Errechne den Tagesbedarf an Fett für ein Körpergewicht von 50 Kilogramm.
16. Nenne Fette und fetthaltige Lebensmittel, die kein Cholesterin enthalten.
17. Vergleiche die beiden Fette „Butter" und „Pflanzenöl".

Milch, Milchprodukte, Fisch und Fleisch liefern Eiweiß
18. Begründe die Forderung „Weniger Fleisch!"
19. Stelle ein Menü zusammen, in dem Eiweiß sinnvoll kombiniert ist.
20. Errechne deinen Tagesbedarf an Eiweiß.
21. Erkläre den Zusammenhang zwischen Eiweißproduktion, Tier- und Umweltschutz.
22. Nenne Grundsätze der mediterranen Küche.

Wasser und energiearme Getränke
23. Welche Aufgaben hat Wasser im menschlichen Körper?
24. Wie hoch ist der Flüssigkeitsbedarf pro Tag?
25. Womit kannst du deinen Durst gesund löschen?
26. Wodurch decken wir den Flüssigkeitsbedarf?
27. Wie kannst du beim Umgang mit Wasser die Umwelt schonen?

Alle Lebensmittel im Ernährungskreis enthalten Vitamine und Mineralstoffe
28. Welche Bedeutung haben Vitamine und Mineralstoffe für den Körper?
29. Welche Vitamine und Mineralstoffe sind in folgenden Lebensmitteln enthalten: Milch, Paprikaschote, Vollkornbrot und Fisch?
30. Vergleiche den Tagesbedarf an Vitaminen und Mineralstoffen mit dem Tagesbedarf an Ballaststoffen, Fett und Eiweiß.
31. Wie lässt sich Kochsalz in der Küche einsparen?
32. Nenne Kräuter und ihre Verwendung.

3 Lebensmittel auswählen und verarbeiten

3 Lebensmittel auswählen und verarbeiten

Sensorische Prüftechniken

Sehen — Riechen — Tasten — Hören — Schmecken — Denken

In diesem Kapitel geht es um die qualitätsbewusste Auswahl von Lebensmitteln und Speisen. Bei der Lebensmittelauswahl sind neben der Verwendung vor allem die Frische, Regionalität, Saisonalität und der Preis wichtig. Bei der Zubereitung gilt es, die Nährstoffe zu schonen.

Leonhard und Lisa stellen für eine Familienfeier aus den vorgebackenen Biskuitböden drei unterschiedliche Obstkuchen her. Beim Belegen der Tortenböden bedenken sie, dass das Auge mitisst.

Lisa: „Ich habe eine Idee. Wir verwenden nur Saisonobst und die wenigen Erdbeeren aus dem Garten."
Leonhard: „Warum stellen wir nicht drei Obstkuchen her?"
Lisa: „Welchen Vorschlag hast du?"
Leonhard: „Einen Kuchen belegen wir mit roten, den zweiten mit bunten und den dritten mit exotischen Früchten."
Lisa: „Bei dem exotischen Obst kenne ich mich nicht aus, ob die Früchte schon reif sind oder nicht."

! Ei lockert, färbt und bindet.

Obstkuchen saisonal oder international	
Zutaten	**Zubereitung**
4 Eiklar	in fettfreie Schüssel geben und schnittfesten Eischnee schlagen
4 Essl. kaltes Wasser 1 Prise Salz 120 g Zucker	nach und nach zugeben, weiter schlagen, bis die Masse glänzt und der Zucker nicht mehr knirscht.
4 Eigelb	unter die Masse ziehen
120 g Mehl (evtl. Dinkel) 1 gestrichener Teel. Backpulver	mischen, auf Eigelbcreme sieben, mit Schneebesen unterheben Biskuitcreme in eine mit Backtrennpapier ausgelegte Springform geben und bei Ober- und Unterhitze von 200 °C ca. 20 Minuten backen.
Belag **saisonales Obst:** Erdbeeren, Brombeeren, Johannisbeeren, Himbeeren, Heidelbeeren **Obst aus fernen Ländern:** Bananen, Kiwi, Mango, Melone, Orange, Nektarine, Ananas	vorbereiten, zerkleinern und Tortenboden in Anordnung und Farbe fantasievoll belegen.
Nach Wahl Tortenguss	als Überzug für das Obst, nach Aufschrift zubereiten
Sahne, Mandelsplitter, Kokosraspel	zur Verzierung

84

Sensorische Prüftechniken

Früchte	Form und Farbe	Reife	Geschmack	Gesundheitswert: Vitamine, Mineralstoffe, Ballaststoffe	Tipp	Herkunftsland
saisonal/regional						
Kirschen	Süßkirschen: hellgelb bis dunkelrot Sauerkirschen (Schattenmorellen): hellrot bis dunkelrot	weiches Fruchtfleisch, leicht zu entsteinen	Süßkirsche: süß Sauerkirsche: säuerlich, „stumpf"	B_1, B_2, B_6, C	Süßkirschen: zum Rohgenuss Sauerkirschen: für Kuchen, Nachspeisen und Garnitur	Deutschland (400 Sorten)
Erdbeeren	herzförmig, hell bis dunkelrot	Vollreife = kräftiges Dunkelrot, intensiver Geruch	aromatisch, leicht süß und wässrig	A, C Kalium, Calcium, Eisen, Magnesium	Vorsicht! druck- und kälteempfindlich	Deutschland, außerhalb der Saison aus fernen Ländern
Himbeeren	oval, klein, rot bis dunkelrot	Vollreife = dunkelrot	süß, aromatisch	A, C Ballaststoffe, Kalium, Calcium, Magnesium, Eisen	Vorsicht! druck- und kälteempfindlich	Deutschland, außerhalb der Saison aus fernen Ländern
aus fernen Ländern						
Ananas	gelbbraune oder grünliche, schuppige Schale, grüner Blattschopf, gelbliches Fruchtfleisch	Intensiver, frischer Ananasduft, Blätter noch grün und leicht auszupfbar	süßsäuerlich	A, C Calcium, Eisen, Ballaststoffe	Vorsicht! druck- und kälteempfindlich	Mittelamerika, Afrika, Asien
Bananen	leicht gebogene, 16–20 cm lange Finger, gelb mit grünen Spitzen	vollreif = gelb mit braunen Punkten	je reifer, desto süßer und weicher	A, B_1, B_2, C und E, Ballaststoffe	vollreife Bananen für Mixgetränke	Mittel- und Südamerika
Kiwi	eiförmig, braune, ledrige, feste Haut, behaart	Schale soll auf leichten Fingerdruck nachgeben	süßsäuerlich, Mischung aus Stachelbeere und Erdbeere	Eine Kiwi deckt den Vitamin-C-Tagesbedarf	Durch Kühlung wird die Kiwi bitter	Neuseeland, Italien, Israel, Deutschland
Mango	länglich-rund, Schale grünrot bis gelblich	Soll auf Druck leicht nachgeben, duftet aromatisch	süßlich-herb, Pfirsichen vergleichbar	reichlich Vitamin A und C, Calcium, Fruchtzucker	druckempfindlich	Brasilien, Kenia, Südafrika
Nektarinen	glatte Haut, gelblich bis orangerot	Stein lässt sich leicht entfernen	Mischung aus Pfirsich und Pflaume	A, C	äußerst kälteempfindlich	Mittelmeerländer
Orange	grünlich, blassorange bis rot	Die Farbe der Schale sagt nichts über die Reife aus	süß bis säuerlich, je nach Sorte	14 Vitamine, 13 Mineralstoffe, 11 verschiedene Aromastoffe in der Schale	Orangen mit unbehandelter Schale bevorzugen	Kalifornien, Spanien, Israel, Marokko, Südafrika
Melone	gelb bis grün, rund bis oval, Größe zwischen Tennisball und Kürbis	Soll am Blütenansatz bei Druck leicht nachgeben, duftet aromatisch, Reife lässt sich durch Klopfen bestimmen	Wässrig-süß (Wassermelonen), honigsüß, vollaromatisch (Zuckermelonen)	Je nach Wassergehalt unterschiedlich	Als appetitanregende Vorspeise und zu Fruchtsalaten	Mittelmeerländer, Balkanländer

Aufgaben

1 Führe die sensorischen Prüfverfahren im Stationenbetrieb durch. Jede Station beinhaltet die ganze Frucht, vorbereitete Kostproben und Informationsmaterial.

2 Koste Ananas und Mango frisch und aus der Dose und vergleiche Geschmack und Preis.

3 Finde eine weitere Möglichkeit für die Anordnung von Obst auf dem Tortenboden.

4 Nimm Stellung zum Spruch „Das Auge isst mit".

m 5 Erstelle zur Aufgabe 2 eine Tabelle und trage die Ergebnisse aus der sensorischen Prüfung ein.

m 6 Wählt in der Gruppe geeignete Obstsorten für den Kuchen aus und begründet die Wahl.

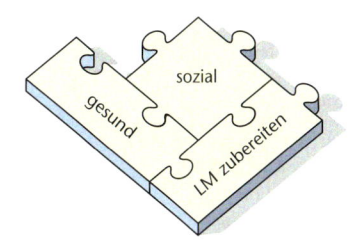

Arbeiten mit Rezepten

Rezepte sind hilfreich, damit Speisen gelingen.
Erprobte Kochrezepte gelingen immer, wenn Grundbegriffe und Techniken der Vor- und Zubereitung bekannt sind. Die Schreibweise von Rezepten ist in Kochbüchern oft unterschiedlich. Beim Zubereiten der Schweizer Rüblitorte und einer Gemüsesuppe nach Wahl sind genaues Arbeiten nach Rezept und exaktes Messen und Wiegen unerlässlich.

! A, D und E sind fettlösliche Vitamine, B und C wasserlösliche Vitamine.

Der Körper nimmt Vitamin A in Verbindung mit fetthaltigen Lebensmitteln besser auf.

Schweizer Rüblitorte

Zutaten: Fett für die Springform Ø 24 cm oder Blech, Semmelbrösel, 6 Scheiben Zwieback, 3 Eier, 125 g Zucker oder festen Blütenhonig, 125 g gemahlene Haselnüsse oder Mandeln, 125 g Karotten, $^1/_2$ Zitrone, 1 $^1/_2$ Teelöffel Backpulver, 100 g Kuvertüre oder Puderzucker, Marzipan-Rohmasse

Zubereitung: Zwieback in sauberem Geschirrtuch mit Nudelholz oder Kartoffelstampfer zerbröseln. Karotten putzen, waschen, schälen, nochmals waschen und raspeln, mit Zitronensaft beträufeln. Aus Eiklar Eischnee schlagen und kühl stellen. Eigelb mit Zucker oder Honig schaumig rühren, alle trockenen Zutaten unter die Schaummasse rühren. Karotten und Eischnee unter den Teig heben. Teig in die vorbereitete Form geben und bei 175–180 °C, Umluft etwa 25–30 Minuten backen. Kuvertüre schmelzen und noch warmen Kuchen damit bestreichen, oder erkaltet mit Puderzucker bestäuben. Marzipan-Rohmasse in 12–16 Teile portionieren, einfärben, zu Rübchen formen und fertigen Kuchen damit verzieren.

Schweizer Rüblitorte

Zutaten	Arbeitsschritte
etwas Fett Semmelbrösel 6 Scheiben Zwieback	Springform Ø 24 cm vorbereiten in sauberem Geschirrtuch mit Nudelholz oder Kartoffelstampfer zerbröseln
3 Eiklar	zu Eischnee schlagen, kühl stellen
3 Eigelb 125 g Zucker oder festen Blütenhonig	schaumig rühren, Zwiebackmehl und
125 g gemahlene Haselnüsse oder Mandeln 125 g geraspelte Karotten $^1/_2$ Zitrone (Saft) 1 $^1/_2$ Teel. Backpulver	dazugeben, alles vermengen, den Eischnee unterheben. Teig in vorbereitete Springform füllen und bei 175 °C–180 °C Umluft etwa 30 Minuten backen.

wahlweise:
100 g Kuvertüre
    oder Puderzucker oder
    Marzipanrübchen
	schmelzen (600 Watt, 2 $^1/_2$ Minuten), Kuchen bestreichen
	zum Verzieren

Tipp: Kuchen auf Blech backen, in kleine Stücke schneiden.	

Arbeiten mit Rezepten

Auf die richtige Menge kommt es an

Manche Rezepte verlangen ein exaktes Abwiegen, damit die Speisen gelingen. Oft reicht ein Abschätzen mit dem Auge oder ein Messen mit Löffel, Tasse oder Messbecher aus.

Exaktes Messen und Wiegen

$1/8\,l = 125\,ml$

$1/4\,l = 250\,ml$

$3/8\,l = 375\,ml$

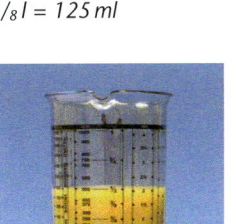

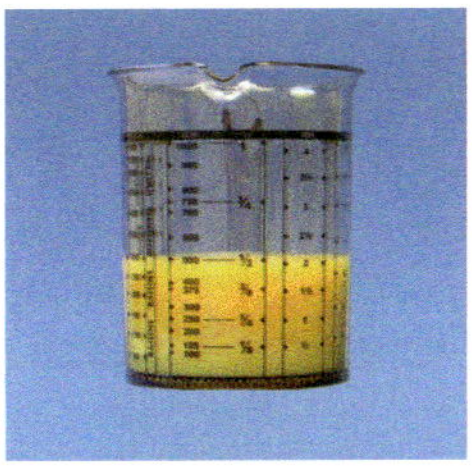

$1/2\,l = 500\,ml$

$3/4\,l = 750\,ml$

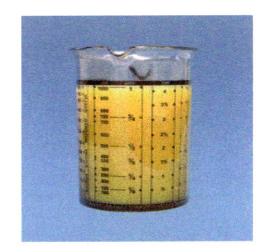

$1\,l = 1000\,ml$

Die Prise
1 Prise ist die Menge, die man zwischen Daumen und Zeigefinger halten kann (Abkürzung: Pr.).

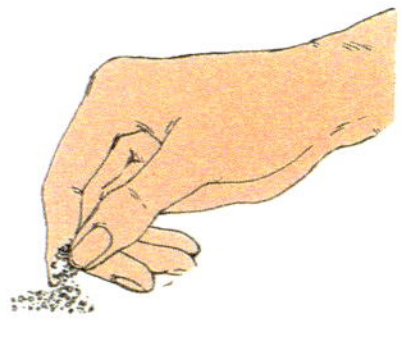

Die Messerspitze
1 Messerspitze ist die Menge, die auf einem spitzen Messer die Messerspitze ausfüllt (Abkürzung: MS). 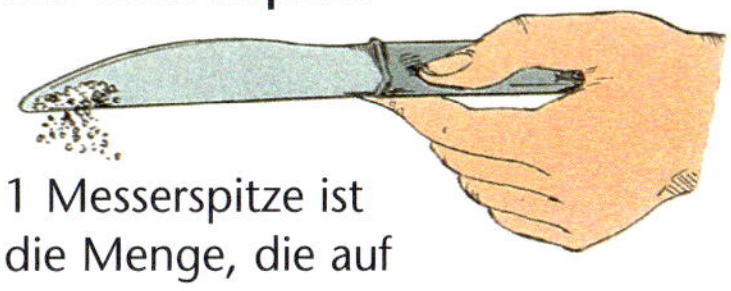

Gängige Küchenmaße

Ein Stück Butter wiegt: 250 g

Die Hälfte also: 125 g

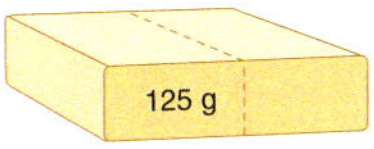

Ein Fünftel: 50 g

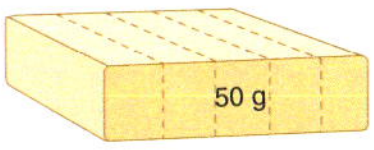

Ein Topf Margarine wiegt: 500 g

Die Hälfte also: 250 g

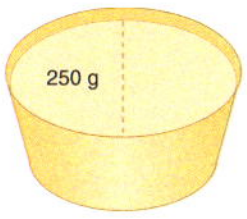

Und ein Viertel: 125 g

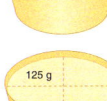

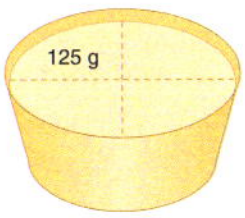

- Suppenteller:
  1 Suppenteller = $1/4\,l$
- Tasse:
  1 Tasse = $1/8\,l$
- Löffel (Esslöffel gestrichen voll):
  1 EL Zucker = 15 g
  1 EL Butter = 15 g
  1 EL Sahne = 15 g
  1 EL Honig = 20 g
  1 EL Haferflocken = 10 g
  1 El Speisestärke = 10 g
  1 EL Mehl = 10 g
  1 EL Öl = 10 g

Aufgaben

1. Lies die Rezepte für die Gemüsesuppe (S. 90) und den Kuchen (S. 86).
2. Nimm Stellung zu den Schreibweisen der Rezepte.
3. Erprobe das Abmessen und Abwiegen anhand der Zutaten der beiden Rezepte. Kontrolliert euch selbstständig mit dem Buch.
4. Entsorge anfallende Abfälle umweltbewusst.
5. Erstellt ein Plakat über gängige Küchenmaße für die Schulküche.

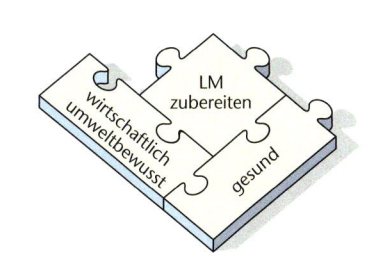

Techniken der Vor- und Zubereitung

Bevor Lebensmittel verzehrt oder gegart werden können, sind vorbereitende Arbeiten erforderlich.

Putzen	Waschen	Schälen
Salat, Lauch, Sellerie, Pilze	**Obst, Gemüse, Fleisch**	**Kartoffeln, gelbe Rüben, Äpfel**
▪ Ungenießbare und schadhafte Teile entfernen, z. B. braune oder welke Stellen bei Petersilie und Salat. ▪ Bei Kartoffeln Keime, Augen und grüne Stellen entfernen (enthalten gesundheitsschädliches Solanin).	▪ Obst und Gemüse in der Regel kurz und unzerkleinert waschen, um wertvolle Vitamine und Mineralstoffe zu erhalten. ▪ Gemüse, das unter der Erde wächst und noch stark verschmutzt ist, beim Waschen mit der Bürste bearbeiten.	▪ Gewaschene und geputzte Lebensmittel möglichst dünn schälen – je nach Form rundherum oder von oben nach unten. Lebensmittel nach dem Schälen sofort weiterverarbeiten.

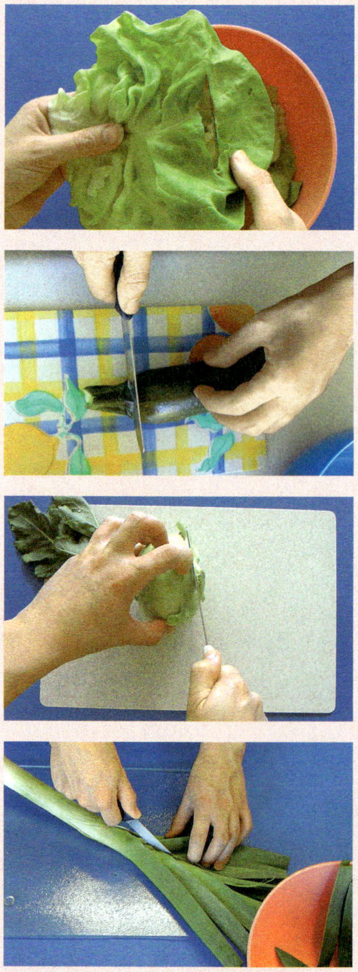

Ob Lebensmittel zuerst geputzt und dann gewaschen werden oder umgekehrt, richtet sich nach der Art des Lebensmittels.

Zuerst geputzt und dann gewaschen werden z. B. folgende Gemüse: Salat, Kohl, Spargel, Lauch, Küchenkräuter.

Zuerst gewaschen, dann geputzt werden z. B. Kohlrabi, Sellerie, Karotten, Paprikaschoten, Obst.

Waschen oder Schälen?

Je nach Herkunft ist abzuwägen, ob Lebensmittel wie Äpfel und Karotten nur abgewaschen werden oder ob sie geschält und gewaschen werden müssen. Einerseits lassen sich Umweltschadstoffe durch Schälen besser entfernen als durch Waschen, andererseits enthalten gerade die Schalen reichlich Ballaststoffe, die beim Schälen entfernt werden. Die gesäuberten Lebensmittel erst kurz vor dem Garen zerkleinern. Beim Zerkleinern vergrößert sich nämlich die Oberfläche, sodass Luft, Wasser und Hitze leichter die wertvollen Nährstoffe herauslösen oder zersetzen können.

Mischen

Rühren
(Teige, Cremes, Majonäse)

- Gleichmäßig rühren, damit genügend Luft eingearbeitet wird (z. B. Schaummasse für Kuchen und Cremes).
- Schwere Teige werden mit den Knethaken zusammengerührt.

Schlagen
(Sahne, Eiweiß, Creme)

- Rührgerät benutzen, Schüsseln oder Rührbecher aus Kunststoff verwenden, Rührbesen nur auf der Handkante abklopfen, nicht am Schüsselrand, um Geräte und Schüsseln zu schonen.
- Geschlagene Masse sofort weiterverarbeiten.

Mixen
(Getränke, Suppen, Soßen)

- Zuerst die festen Zutaten mixen (z. B. Erdbeeren), dann die Flüssigkeit zugeben (z. B. Milch). Das Mixgefäß nur bis zum markierten Rand füllen.

Zerkleinern
Schneiden, Würfeln, in Ringe schneiden, Hobeln, Raspeln, Reiben, Passieren, Pürieren

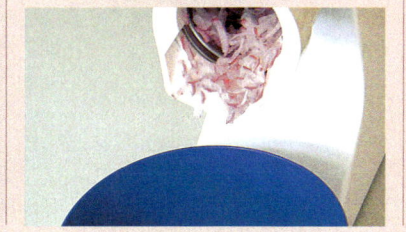

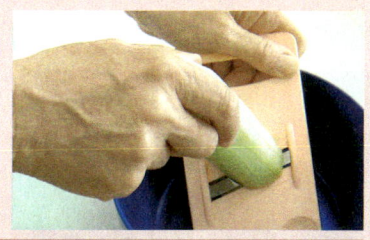

Tipps zum Vitamin- und Mineralstofferhalt
- Bereite Rohkost erst kurz vor dem Verzehr zu.
- Mische rohes Gemüse für Rohkostsalate sofort mit der Marinade – Ausnahme Blattsalate.

3 Lebensmittel auswählen und verarbeiten

Nährstoffe gehen leicht verloren

! Vitamine sind empfindlich gegen Wasser, Luft, Licht und Hitze.

Bereits kleine Fehler im Umgang mit Lebensmitteln bewirken Vitamin- und Mineralstoffverluste. Durch Wasser-, Luft-, Licht- und Hitzeeinwirkung gehen Vitamine verloren. Solche Vitaminverluste entstehen zum Beispiel beim Lagern, Waschen, Schälen und Garen. Mineralstoffverluste entstehen durch Auslaugen in Wasser.
Bei der Lagerung sowie der Vor- und Zubereitung von Lebensmitteln sollten Licht, Luft, Wasser und Hitze so wenig wie möglich einwirken. Daher sind einfache Regeln zu beachten: Lagere Obst und Gemüse kühl, dunkel und so kurz wie möglich.
- Putze Obst und Gemüse zuerst und wasche es anschließend kurz, aber gründlich mit kaltem Wasser.
- Gare Lebensmittel nicht länger als nötig.
- Halte fertige Speisen nicht unnötig warm.

Wasser – Freund und Feind der Nährstoffe

Wasser ist Lösungsmittel für Schmutz, aber auch für Farb-, Geschmacks- und Nährstoffe. Deshalb ist es empfehlenswert, Kochflüssigkeiten für Suppen oder Soßen weiterzuverwenden. In unserer Suppe bleiben die gelösten Nährstoffe erhalten. Nicht nur beim Kochen, auch beim Dämpfen und Dünsten ist Wasser Garmachungsmittel. Das Vorquellen stärkehaltiger und getrockneter Lebensmittel verkürzt die Garzeit.

Wasser dient in der Küche als Reinigungs-, Lösungs-, Quell- und Garmittel.

Minestrone – italienische Gemüsesuppe	
Zutaten	Arbeitsschritte
500 g Gemüse nach Saison (z. B. Karotten, Lauch, Sellerie, Zucchini, Bohnen) 1 Essl. eingeweichte Erbsen	putzen, kurz, kalt und unzerkleinert *waschen* Gemüse je nach Art, z. B. in Streifen, Scheiben, Stifte oder Würfel schneiden.
2 Kartoffeln	waschen, schälen, nochmals waschen.
1 1/4 Liter Wasser 1 Brühwürfel 40 g Langkornreis oder 40 g Nudeln	erhitzen darin *lösen* vorbereitetes Gemüse zugeben waschen, in die Brühe geben und *weich kochen,* 25 Minuten haben eine kürzere *Quelldauer* als Reis, daher erst fünf Minuten vor Garzeitende zugeben.
2 Essl. Tomatenmark 2 Essl. Kräuter evtl. Pfeffer evtl. Salz	hinzugeben, ein Nachwürzen ist meist nicht nötig, da sich Geschmacks-, Aroma- und Farbstoffe aus dem Gemüse in der Brühe *lösen.*
100 g geriebenen Käse	am Tisch reichen.

90

Speisen anrichten

Mit etwas Liebe und Fantasie lassen sich alle Mahlzeiten im Alltag, ob Frühstück, Pausenbrot, Mittagessen oder Abendessen, mit einfachen Mitteln appetitlich portionieren und anrichten.

> **!** Verwende Porzellangeschirr für heiße Speisen.

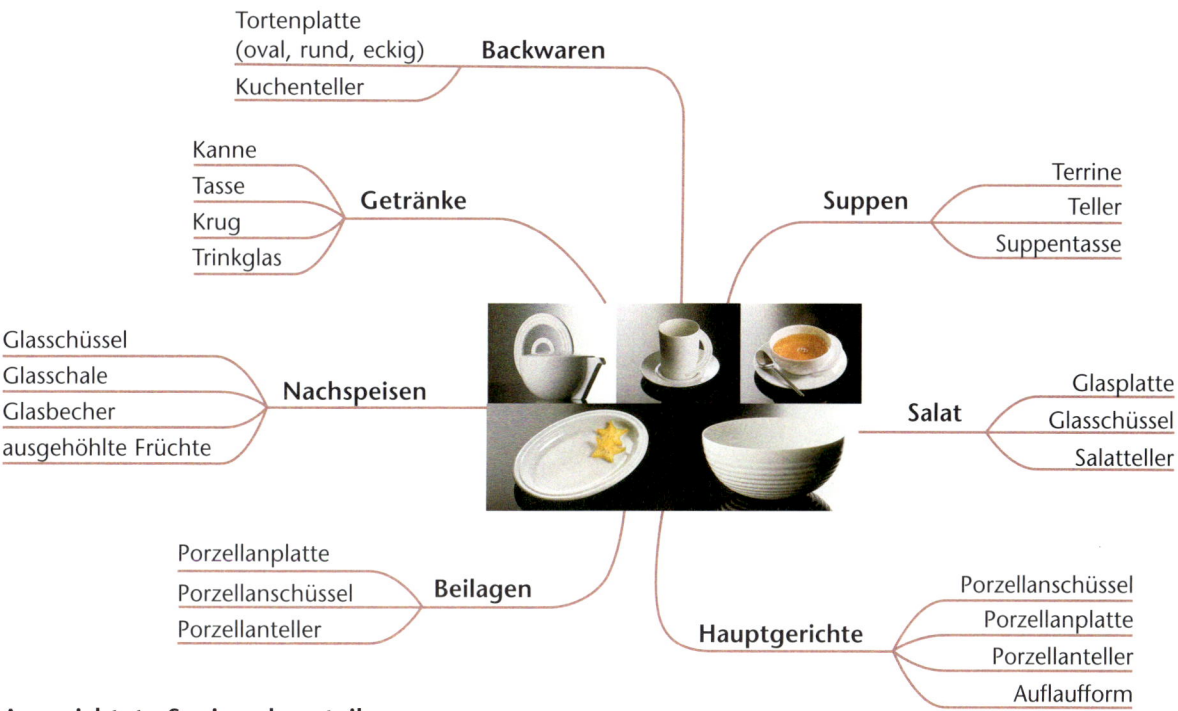

Backwaren
- Tortenplatte (oval, rund, eckig)
- Kuchenteller

Getränke
- Kanne
- Tasse
- Krug
- Trinkglas

Suppen
- Terrine
- Teller
- Suppentasse

Nachspeisen
- Glasschüssel
- Glasschale
- Glasbecher
- ausgehöhlte Früchte

Salat
- Glasplatte
- Glasschüssel
- Salatteller

Beilagen
- Porzellanplatte
- Porzellanschüssel
- Porzellanteller

Hauptgerichte
- Porzellanschüssel
- Porzellanplatte
- Porzellanteller
- Auflaufform

Angerichtete Speisen beurteilen

Das Aussehen einer Speise wird beeinflusst von
- der Verarbeitungsqualität (Vor- und Zubereitungstechniken),
- der Beschaffenheit der Lebensmittel,
- der Farbe und der Anordnung der Lebensmittel,
- der Wahl des Anrichtegeschirrs.

> **!** Die Verarbeitung beeinflusst das Aussehen von Speisen.

Aufgaben

1. Betrachte die Bilder zum Nährstoffverlust und formuliere je eine Regel.
2. Nenne Möglichkeiten zum Nährstofferhalt.
3. Blättere im Buch und betrachte die Rezeptbilder nach Portionier- und Anrichtemöglichkeiten.
4. Erprobt das Portionieren und Anrichten an der Minestrone und am Fit-Getränk (Seite 137) und bewertet Aussehen und Geschmack.
5. Bewertet die zubereitete Suppe und das Getränk nach der Verarbeitungsqualität.
6. Erfrage bei deiner Lehrerin das nächste Gericht und überlege passende Portionier- und Anrichtemöglichkeiten und berichte.

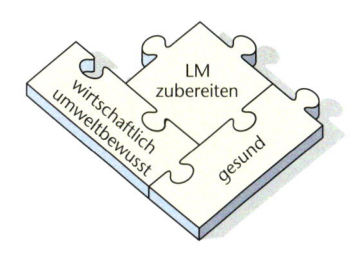

Garverfahren im Überblick

Damit Nährstoffe erhalten bleiben, gilt für alle Garverfahren: Gemüse nur bissfest garen und Speisen nicht unnötig warm halten.

Kochen	Dämpfen	Dünsten
Kochen ist das Garen in reichlich Flüssigkeit.	Dämpfen ist das Garen in strömendem Wasserdampf. Das Gargut liegt in einem Siebeinsatz.	Dünsten ist das Garen im eigenen Saft unter Zugabe von wenig Flüssigkeit und wenig Fett.
Beachte		
■ Alles, was ausgelaugt (ausgekocht) werden soll, ist in kalter Flüssigkeit zuzusetzen (z.B. Knochen, Wurzelwerk, Suppenfleisch). ■ Alles, was seinen individuellen Geschmack behalten soll, wird in kochender Flüssigkeit zugesetzt (z.B. Rindfleisch für Tafelspitz). ■ Kochzeiten sind einzuhalten (z.B. Gefahr des „Totkochens"). ■ Deckel hilft Energie sparen.	■ Das Gargut darf nicht mit Wasser in Berührung kommen. ■ Auf einen gut schließenden Deckel ist zu achten.	■ Nicht zu stark anbräunen. ■ Nicht zu viel Fettzugabe. ■ Nicht zu viel Flüssigkeit. ■ Rechtzeitig die Energiezufuhr drosseln. ■ Soßen nicht andicken.
Temperatur		
100 °C: empfindliche Speisen wie Nockerl oder Knödel ziehen bei 95 °C „gar".	100 °C	120 °C beim Anbraten 100 °C nach Wasserzugabe
Anwendungsbereich		
Kartoffeln, Trockengemüse, klare Brühen, Fleisch, Gemüse, Reis, Teigwaren, Geflügel, Schalentiere	Fleisch, Geflügel, Gemüse, Kartoffeln, Getreide, Reis, Suppen, Klöße	Fleisch und Fisch mit kürzeren Garzeiten, alle Gemüse, Früchte, Pilze, Reis
Bewertung		
■ Nährstoffverluste, daher möglichst die Kochflüssigkeit weiterverwenden, z.B. Suppe, Soße	■ Garzeit ist etwas länger als beim Kochen	■ Nährstoffschonendes Verfahren
▲ Garen in Flüssigkeiten	▲ Garen im Wasserdampf	▲ Garen in Flüssigkeit und Fett

Garverfahren im Überblick

Backen	Dampfdruckgaren	Garen im Mikrowellenherd
Backen ist ein Garen in trockener, heißer Luft bei gleichzeitiger Bräunung des Garguts.	Dampfdruckgaren ist das Garen in einem fest verschlossenen Spezialtopf bei Überdruck.	Beim Garen in der Mikrowelle wirken elektromagnetische Wellen auf das Lebensmittel. Es wird nicht gebräunt.
Beachte ■ Bei langen Garzeiten entfällt das Vorheizen bei Umluftherden. ■ Je höher das Backwerk ist, desto weiter unten im Backrohr wird es eingesetzt. ■ Unnötiges Öffnen der Röhre ist zu vermeiden.	Die Gebrauchsanweisung eines Dampfdrucktopfes ist genau zu studieren und korrekt zu befolgen. ■ Zur Dampfbildung im Topf benötigt man $1/8$ l Flüssigkeit. ■ Ventil und Gummiring stets sauber halten. ■ Topf niemals gewaltsam öffnen.	■ Keine Metallbehälter in der Mikrowelle verwenden, auch keine Teller mit Goldrand o. Ä. ■ Unbedingt Garzeiten exakt einhalten.
Temperatur 150 °C – 250 °C, die Temperatur richtet sich nach Art der Beheizung (Ober-/Unterhitze, Umluft) und nach dem Gargut.	105 °C – 120 °C Der Siedepunkt des Wassers steigt mit dem Druck.	Angabe der Leistung in Watt (1000/900/800), Stufenregelung
Anwendungsbereich Filet im Blätterteig, Schinken im Brotteig, Kartoffeln, Aufläufe (Soufflés), süßes und salziges Kleingebäck, Backwaren wie Torten, Kuchen, Brot	Fleisch mit langer Garzeit, Kartoffeln, Gemüse mit kräftiger Zellstruktur, Knochenbrühe	Mikrowellengeeignete Tiefkühl- und Fertigprodukte, kleine Mengen von Lebensmitteln, vielfach auch nur zum Auftauen
Bewertung ■ Bildung von Röst- und Aromastoffen	■ Erhöhter Druck und erhöhte Temperatur verkürzen die Garzeiten ■ Zeit und Energie sparendes Verfahren	■ Nährstoffschonendes Verfahren ■ Nur für kleine Mengen geeignet
▲ **Garen in heißer Luft**	▲ **Garen im Wasserdampf**	▲ **Garen mit elektromagnetischen Wellen**

3 Lebensmittel auswählen und verarbeiten

Verarbeitung von Ei in der Küche

Beim Zubereiten von Eierstich für die Suppe und Obst der Saison mit überbackenem Schaum (französisch „Baiser") kannst du die Eigenschaften von Eigelb und Eiweiß kennen lernen.

Eierstich

Zutaten	Arbeitsschritte	Eigenschaften von Ei
2 Eier 5 Essl. Sahne etwas Salz, Muskat 1 Teel. gehackte Kräuter	aufschlagen zugeben, verquirlen, in die gefettete Form geben	Eigelb ist Färbemittel
	Garen im Wasserbad etwa 10 Minuten oder in der Mikrowelle in mikrowellengeeignetem Geschirr, ohne Abdeckung bei 700 Watt, 2 1/2 Minuten oder 600 Watt, 3 1/2 Minuten. Die Eimasse geht stark in der Mikrowelle auf, fällt aber beim Abschalten zusammen. Eierstich stürzen, in Würfel schneiden, in heißer Brühe oder Tomatensuppe (Seite 131) anrichten.	Eiweiß gerinnt durch Hitze, bindet und schließt dabei Flüssigkeit ein.

Tipp: Das Garen in der Mikrowelle vereinfacht die Zubereitung und hilft Zeit und Energie sparen.

Richtiger Umgang mit eiweißhaltigen Lebensmitteln

- Eigelb ist ein natürliches Färbemittel für Speisen.
- Das Ei ist Bindemittel für süße und pikante Teige.
- Eiklar, zu Eischnee geschlagen, ist Lockerungsmittel für Nachspeisen und Gebäck. Eiweiß gerinnt durch Einwirkung von Hitze oder Säure.
- Eiweißhaltige Lebensmittel nicht wässern, sondern kurz, kalt und unzerkleinert waschen.
- Eiweißhaltige Lebensmittel verderben rasch, deshalb kühl und dunkel lagern und bald verbrauchen.
- Verarbeite nur frische Eier und erhitze Eierspeisen mindestens fünf Minuten auf über 70 °C.

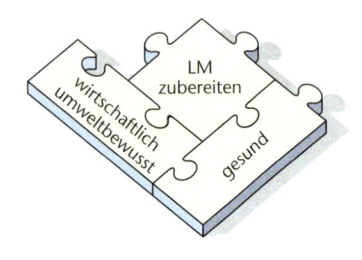

Aufgaben

1 Schlage das Rezept Makronen nach (Seite 137) und stelle die Baisermasse her.

2 Suche aus dem Rezeptteil Speisen aus, bei denen das Ei als Bindemittel und/oder Lockerungsmittel verwendet wird.

Binden und Süßen von Speisen

Das Rezept Fruchtkaltschale lässt dir die Wahl bei Früchten, Süßungs- und Bindemitteln.

> Honig wie Zucker nur in geringen Mengen verzehren.

Fruchtkaltschale (rot, gelb, grün)

Zutaten	Arbeitsschritte	Eigenschaften von Süßungs- und Bindemittel
1/2 Liter Fruchtsaft 250–500 g Früchte, z. B. rote Beeren oder Kiwi, Aprikosen und Pfirsiche	erhitzen, dann erst zugeben, alles zum Kochen bringen	
30–50 g Stärke oder Johannisbrotkernmehl oder Gelin nach Gebrauchsanleitung	Kalt angerührte Stärke in die noch *kochende Fruchtmasse* einrühren, einmal aufkochen lassen.	Stärke quillt, verkleistert und bindet durch Hitze.
1/2 Zitrone (Saft)	zugeben	Zu frühe Zugabe von Zitronensäure verringert die Bindefähigkeit der Stärke.
Zucker oder Apfel- oder Birnendicksaft oder Honig	zugeben und kühl stellen	Zucker und Honig karamellisieren beim Erhitzen im Topf und brennen leicht an. Süßungsmittel lösen sich in heißen Speisen schneller.
1/8–1/4 Liter Sahne oder 1 Päckchen Vanillesoße ohne Kochen	Kaltschale mit Sahne, flüssig oder geschlagen, oder Vanillesoße anrichten.	

Tipp: Fruchtschale schmeckt auch warm mit flüssiger Sahne oder Vanillesoße. Soll die Kaltschale sturzfähig sein, die größere Menge Bindemittel verwenden und am Vortag zubereiten.

Bewertung der Süßungs- und Bindemittel

Stärke und Haushaltszucker sind industriell aufbereitet. Modifizierte Stärke wie Instantsoßenbinder ist chemisch vorbehandelt. Apfel- oder Birnendicksaft ist der gepresste und eingedickte Saft von Äpfeln und Birnen. Speisestärke besteht aus 100 % Kohlenhydraten und liefert Energie; dagegen sind Johannisbrotkernmehl und Gelin energiefrei. Alle drei Bindemittel sind neutral im Geschmack und daher geeignet für süße und pikante Speisen.

Aufgaben

1 Prüfe Apfel- und Birnendicksaft, Zucker und Honig sensorisch.
2 Informiere dich über Süßungsmittel (Seite 74).
3 Nenne energiehaltige und energiefreie Bindemittel.

Stärke quillt, verkleistert und bindet

Johannisbrotkernmehl

Aus den Kernen der süßen Johannisbrotschoten lässt sich ein ballaststoffreiches, fast kalorienfreies Bindemittel herstellen. Das Pulver wird unter den Markennamen „Biobin", „Nestargel" und „Diät-Bindefix" gehandelt und ist geschmacksneutral. Sehr häufig findet sich Johannisbrotkernmehl auch als Bindemittel auf der Zutatenliste von Fertigprodukten.

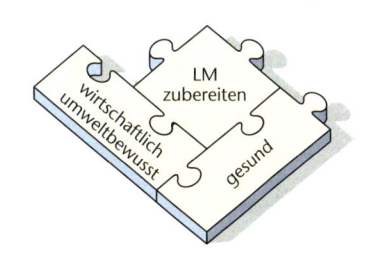

ü | 3 Lebensmittel auswählen und verarbeiten

Wir geben unser Wissen weiter

Nächste Woche laden wir die 5. Klasse in die Schulküche ein. Damit wir perfekt werden, üben wir bekannte Techniken an den Rezepten „Sandwich individuell" und „Obst mit Jogurtsoße" in Teamarbeit. Außerdem achten wir besonders auf nährstoffschonende Zubereitung. Hygiene und Unfallvermeidung sind für uns selbstverständlich. Heute erklären wir uns alles gegenseitig mit Fachbegriffen. Nächste Woche sind wir Lehrer und geben unser Wissen und Können an die Gäste weiter.

Sandwich individuell

Zutaten (pro Person)	Arbeitsschritte
1 gekochtes Ei	abschälen und in Scheiben schneiden
eine Scheibe Schinken oder eine Scheibe Käse	
1 längliche Vollkornsemmel	halbieren
etwas Butter	bestreichen
1 knackiges Salatblatt	
1 Stück frische Salatgurke	
1 frische Tomate	waschen, zerkleinern
verschiedene Kräuter	
etwas Majonäse	Sandwich belegen, mit garnieren.
etwas Tomatenmark	

Obst mit Jogurtsoße

Zutaten	Arbeitsschritte
500 g Obst nach Saison etwas Zitronensaft	vorbereiten, evtl. zerkleinern
1 Becher Sahne	steif schlagen
2 Becher Jogurt etwas Honig	mischen und unter die geschlagene Sahne heben
Nüsse oder Schokoraspeln	zum Garnieren

Kochen für/mit Gästen
- Rezeptmenge berechnen
- Einkaufszettel schreiben
- Saisonangebote nutzen
- Arbeitsablauf planen
- Zeitplan aufstellen

Aufgaben

1. Wähle aus dem Saisonkalender geeignetes Obst aus.
2. Einigt euch in der Gruppe, wer Sandwich individuell und wer Obst mit Jogurtsoße herstellt.
3. Plane deine Aufgabe in kurzen, logischen Schritten, damit du sie den Gästen erklären kannst. Verwende dabei Fachbegriffe.
4. Gestalte deinen Arbeitsplatz so, dass du richtig vorarbeiten kannst.
5. Richte alle Arbeitsgeräte, das Anrichtegeschirr und den Raum her.
6. Jeder betreut zwei Gäste. Teilt die Arbeit sinnvoll auf.

Wir bewerten Arbeit nach der Qualität

Schon beim gemeinsamen Zubereiten wurde uns klar, dass die praktische Arbeit besser ausfällt, wenn auch das gemeinsame Miteinander gelingt. So hilft man sich gegenseitig und gibt Hinweise zum Weiterarbeiten. Zur Bewertung unserer Arbeit gehört nicht nur das fertige Ergebnis, sondern auch ein Rückblick. Die gemeinsame Arbeit und das gemeinsame Essen schaffen auch ein Zusammengehörigkeitsgefühl.

Qualität
praktische Arbeit | soziales Verhalten

- Arbeitsplanung – Arbeitsausführung
- Vorbereiten – Zubereiten – Garen
- Hygiene – Unfallschutz
- Präsentation

- **Verantwortung übernehmen**
  - für seine Aufgabe
  - für die zu betreuenden Schüler
- **Umgangsformen**
  - Höflichkeit
  - Geduld
  - Rücksichtnahme
- **Partnerschaftliche Zusammenarbeit**
  - etwas erklären
  - Techniken vorarbeiten
  - Schüler betreuen
- **Rückschau halten**
  - über Verhalten der 7. Klasse
  - über Verhalten der 5. Klasse

Aufgaben

1. Ermittle anhand der Personenzahl die benötigten Zutaten und Mengen für das Rezept.
2. Stelle einen übersichtlichen Einkaufszettel zusammen.
3. Nenne nährstoffschonende Regeln während der Vor- und Zubereitung und setze sie in der Praxis um.
4. Überlege kreative Präsentationsmöglichkeiten für Büfett oder Einzelportionen.
5. Bewerte die gemeinsame Arbeit nach dem Vorgehen und dem Ergebnis.

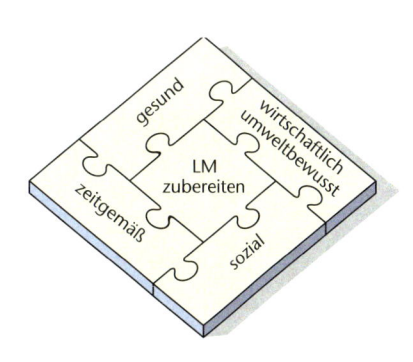

LM zubereiten: gesund – wirtschaftlich umweltbewusst – sozial – zeitgemäß

3 Lebensmittel auswählen und verarbeiten

Die Gruppenarbeit im HsB-Unterricht

In keiner HsB-Stunde geht es ohne Teamarbeit. Sie gelingt, wenn jeder Einzelne bereit ist Verantwortung zu übernehmen und Aufgaben selbstständig und gewissenhaft auszuführen. Auch im Berufsleben ist Teamarbeit gefragt. In der Schule und im Beruf zählen nicht nur Einzelergebnisse, sondern auch Gruppenergebnisse.

Planen
- Ziel
- Thematik
- Arbeitsaufteilung

Durchführen
- Informationen einholen und sichten (lesen, unterstreichen, zusammenfassen, notieren)
- Üben (bekannte und ähnliche Techniken)

Gruppenarbeit fördert Teamarbeit

Vorbereiten
- Gruppen zusammensetzen
- Aufgaben verteilen
- Informationsmaterial auswählen

Präsentieren
- Absprache in der Gruppe, z. B. Plakate, Folie, mündlicher Vortrag
- Gruppensprecher oder Team
- Rückfragen an die Klasse

Reflektieren
- über gemeinsame Arbeit
- Qualität der erreichten Ergebnisse
- Verbesserungsvorschläge

Leistungsverhalten und Gruppenverhalten

Bewertungsbogen	
Einsatzbereitschaft der Einzelmitglieder in der Gruppe	Präsentation der Ergebnisse durch Einzelschüler oder Team
Selbstständige Erledigung der Aufgaben	Qualität der Ausdrucksweise im Vortrag
Vollständige Bearbeitung der Aufträge	Qualität der Veranschaulichung
Fähigkeiten einzelner Teammitglieder	Einbezug der Mitschüler in den Vortrag
Hilfsbereitschaft bei Schwierigkeiten	Fragen der Klasse nach der Präsentation beantworten

Tipps zur Bewertung
Bei jedem Aspekt gibt es drei Punkte für sehr gute Arbeit, zwei Punkte für gute und einen Punkt für durchschnittliche Ausführung der Arbeit.

Aufgabe
Erstellt in der Gruppe selbst einen Bewertungsbogen für eine praktische Teamarbeit.

4 Technische Hilfen im Haushalt

4 Technische Hilfen im Haushalt

Garen in der Mikrowelle

Um 13:00 Uhr ist die Schule aus, um 14:00 Uhr kommt Besuch. Denise will beim Bäcker Kuchen holen. Daniel schlägt vor die neue Mikrowelle auszuprobieren und dabei die Süßspeise „Schokopudding aus der Mikrowelle" (siehe Rezeptteil, Seite 137) in 7 Minuten, 30 Sekunden Garzeit herzustellen.

So funktioniert die Mikrowelle

Zeit-Leistungstabelle für Mikrowellengeräte

Zeit in Minuten 700 Watt	Zeit in Minuten 600 Watt	Zeit in Minuten 500 Watt
1	1 1/4	1 1/2
2	2 1/4	2 3/4
3	3 1/2	4 1/4
4	4 3/4	5 1/2
5	5 3/4	7
6	7	8 1/2
7	8	9 3/4
8	9 1/4	11 1/4
9	10 1/2	12 1/2
10	11 3/4	14

(Aus: Das Mikrowellengerät, Broschüre der Stadtwerke München)

Mikrowelle

Garen in der Mikrowelle

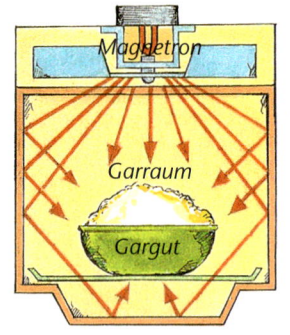

Mikrowellen dringen von allen Seiten in das Gargut ein

Mikrowellen sind elektromagnetische Wellen. Sie werden von einem Sender, dem Magnetron, erzeugt. Die Mikrowellen setzen die Moleküle eines Lebensmittels in Schwingung und erzeugen dadurch im Inneren Wärme bis ca. 100 °C. Beim Garen auf der Kochplatte dagegen wird die Wärme von außen nach innen weitergeleitet.

Im Mikrowellengerät können Speisen aufgetaut, erwärmt und gegart werden. Die Mikrowelle ist rentabel für die Zubereitung von kleinen Mengen (bis 500 g).

So setzt du die Mikrowelle richtig ein

- Verwende mikrowellengeeignetes Geschirr, z. B. Glas, Porzellan (ohne Golddekor) und hitzebeständigen Kunststoff (bis 180 °C).
- Benutze kein Geschirr aus Metall, da dieses die Mikrowelle reflektiert.
- Gare Eier nur aufgeschlagen. Ganze Eier platzen.
- Decke Lebensmittel zu, um ein Austrocknen zu verhindern.
- Schlage in der Gebrauchsanleitung die Garzeiten und die Schaltung nach (je nach Gerät verschieden).

! Mikrowelle zum Aufwärmen, Auftauen und Garen

! Doppelte Menge – doppelte Garzeit
Halbe Menge – halbe Garzeit

Sicherheitszeichen

CE   GS

Alle Geräte, die diese Zeichen tragen, entsprechen der EU-Verordnung und den gesetzlichen Vorschriften.

Das elektrische Handrührgerät

Laut Statistik ist das Handrührgerät der am weitesten verbreitete elektrische Helfer im Haushalt. Beim Zubereiten der Nachspeisen kannst du den Einsatz von zwei Zubehörteilen erproben.

Sahnegrieß mit Erdbeeren

Zutaten	Arbeitsschritte
¼ Liter Milch	erhitzen
40 g Honig oder Zucker	zugeben
1 Päckchen Vanillezucker	
20 g Grieß	einstreuen und bei schwacher Hitze 10 Minuten gar quellen.
⅛ Liter Sahne	schlagen
125 g Magerquark	verrühren
Saft einer halben Zitrone	
	Sahne, Quark und erkaltete Grießmasse verrühren und kalt stellen.
250 g Erdbeeren	waschen und pürieren

Anrichten: Kuchenteller mit Puderzucker besieben, mit 2 Esslöffeln von der Quark-Grießmasse Nockerl abstechen, auf die Teller verteilen, Fruchtpüree darübergeben und mit Erdbeeren garnieren.

Tipp: Obst nach Jahreszeit verwenden.

Sicherer Umgang mit dem Handrührgerät:
- Gerät vorbereiten und Zubehörteile einsetzen (siehe auch Seite 107).
- Rührbesen in das Gefäß halten und dann erst Gerät einschalten (mit Stufe 1 beginnen, dann hochschalten), nach Beendigung der Arbeit das Gerät ausschalten, Netzstecker ziehen und Zubehörteile mit der Auswurftaste lösen.
- Motorblock mit feuchtem Tuch abwischen (nie ins Wasser!).
- Zusatzteile spülen, gut trocknen. Gerät aufräumen.

Überlegter Geräteeinsatz
Mechanische Geräte zu verwenden ist grundsätzlich umweltbewusst. Bei kleinen Mengen eignet sich der Rührbesen. Bei anstrengenden Techniken wie z. B. Pürieren von Obst, Schlagen von Sahne und Kneten von Teigen ist das elektrische Gerät gerechtfertigt.

Type E 6595
220 V ~ 50 Hz
140 W

Das Typenschild auf Elektrogeräten

Elektrische Geräte nur mit trockenen Händen bedienen.

Verwende bei neuen Geräten immer die Gebrauchsanweisung.

Aufgaben
1. Nenne zwei Anforderungen an Mikrowellengeschirr.
2. Erkläre Typenschild und Sicherheitszeichen auf elektrischen Geräten. Beziehe dein Wissen aus dem Physikunterricht mit ein.
3. Suche je drei Kochaufgaben im Rezeptteil, bei denen der elektrische Geräteeinsatz bzw. der Rührbesen sinnvoller ist.

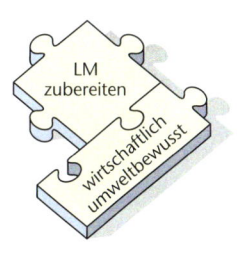

4 Technische Hilfen im Haushalt

Maschinelles Spülen und Waschen

Wir nützen die Backzeit (= Wartezeit), um die Großgeräte unserer Schulküche kennen zu lernen.

Pikante Blätterteigtaschen	
Zutaten	Arbeitsschritte
2 Scheiben TK-Blätterteig	auf bemehltem Blech auswellen und in vier Teile schneiden.
Fülle 150 g Putenfleisch 1 Essl. Öl 50 g Chinakohl ½ rote Paprikaschote 50 g Sprossen 1 Essl. Sojasoße Salz, Pfeffer	in feine Streifen schneiden, erhitzen, Fleisch anbraten, putzen, waschen, fein schneiden, waschen, alles zum Fleisch geben und 5 Minuten mitdünsten. Füllung abschmecken.
1 Eiklar/1 Eigelb	Fülle auf je eine Hälfte der Teigplatte verteilen, Ränder mit Eiklar bestreichen, Teig zusammenklappen, mit Eigelb bestreichen. Bei 200 °C (Heißluft 170 °C) ca. 20 Minuten backen, heiß servieren.

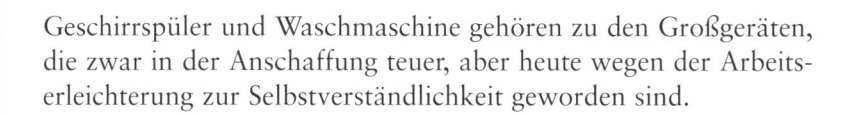

Geschirrspüler und Waschmaschine gehören zu den Großgeräten, die zwar in der Anschaffung teuer, aber heute wegen der Arbeitserleichterung zur Selbstverständlichkeit geworden sind.

Beschicken der Spülmaschine
Das spülmaschinengeeignete Geschirr ist von Speiseresten befreit in die vorgesehenen Körbe einzuordnen, z. B. Besteckteile in den Besteckkorb mit den Griffen nach unten, Gläser mit der Öffnung nach unten usw. Das Geschirr darf nicht aneinanderstoßen, nicht klappern und die Bewegungsfreiheit der Sprüharme nicht beeinträchtigen.

Sinnvoll eingeräumte Spülmaschine

Waschen mit der Waschmaschine
Die nach Material und Farbe vorsortierte Wäsche locker in die Trommel einlegen und die richtige Programmwahl treffen. Waschmittel sparsam dosieren, Weichspüler sind unnötig.
Im Vergleich zum Trockner ist es energiesparender und umweltschonender, die Wäsche auf dem Ständer trocknen zu lassen.

Maschinelles Spülen und Waschen

Beim Spülen und Waschen von Hand und mit der Maschine wirken die Faktoren Chemie, Wasser, Wärme, Zeit und Mechanik zusammen. Der Anteil dieser Faktoren an der Reinigung ist jeweils unterschiedlich groß und verbunden damit auch der Energieaufwand und die Umweltbelastung.

CHEMIE + WASSER + WÄRME + ZEIT + MECHANIK

Umweltschonender Technikeinsatz
- Gebrauchsanleitung genau durchlesen.
- Auf Vorspülprogramm und Vorwaschgang verzichten.
- Bei normaler Verschmutzung Sparprogramm wählen.
- Wenige, möglichst umweltschonende Reiniger nehmen.
- Sparsame Dosierung der Reiniger nach der jeweiligen örtlichen Wasserhärte.
- Öfters den Zu- und Ablauf überprüfen (Aqua-stopp).
- Sieb regelmäßig säubern.
- Regelmäßige Wartung spart Kosten und Ärger.

Wasser- und Stromverbrauch
Moderne Spülmaschinen verbrauchen weniger Wasser und Strom als das Spülen von Hand. Je Spülgang werden derzeit etwa 5,5 Liter Wasser benötigt. Ein volles Spülprogramm verbraucht bei mehrfachem Wasserwechsel durchschnittlich etwa 22 Liter. 1980 lag der Wasserverbrauch noch bei ca. 40 Litern.

Maschinelles Spülen und Waschen …
- ist hygienisch,
- spart Zeit, Kraft, evtl. auch Wasser,
- ist aber teurer (Anschaffungs- und Reparaturkosten),
- belastet stärker die Umwelt durch höheren Einsatz an Chemikalien und
- muss daher verantwortungsbewusst durchgeführt werden. !

Programm ist nicht gleich Programm

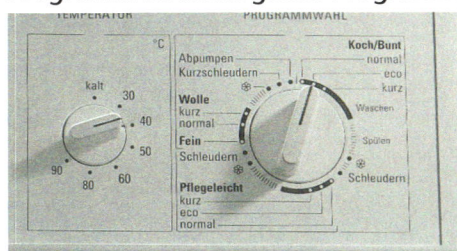

Waschprogramm   *Spülprogramm*

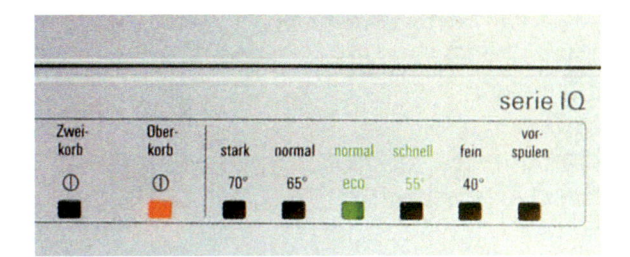

Aufgaben
1. Vergleiche Hand- und Maschinenspülen unter den Gesichtspunkten Hygiene und Umweltschutz.
2. Nenne Möglichkeiten zum Energiesparen bei den eingesetzten Geräten.
3. Führt am Ende des Hauswirtschaftsunterrichts die Tücherwäsche umweltschonend durch.
4. Informiere dich im Internet, was man unter spülmaschinengeeignetem Geschirr versteht.
5. Informiere dich bei der Stadtverwaltung/Gemeinde über die Wasserhärte in deinem Wohngebiet.

Wasserhärte
Die Wasserhärte gibt an, wie viel Kalk im Wasser gelöst ist. Sie wird gemessen in „Grad deutscher Härte" (°d), z. B. 14 – 21° d = Härtebereich III.

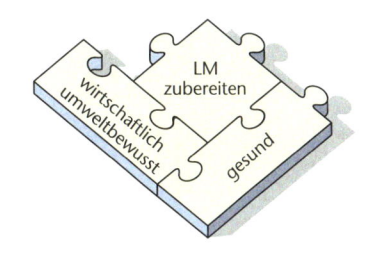

wirtschaftlich umweltbewusst — LM zubereiten — gesund

4 Technische Hilfen im Haushalt

Diese Nummern solltest du kennen:
Notruf Feuerwehr 112
Polizei 110
Rettungsdienst 19222
Hausarzt, Apotheke, } je nach
Krankenhaus } Wohnort
Vergiftungszentralen
München 0 89/41 40 22 11

Unfallvermeidung im Haushalt

Jeder dritte Unfall ereignet sich im Haushalt. Unfälle sind keine Zufälle. Unfälle passieren durch Leichtsinn, Gedankenlosigkeit, Stress, Hetze und unsachgemäßen Gebrauch von Geräten. Mögliche Unfallgefahren rechtzeitig zu erkennen und auszuschalten ist besonders wichtig, wenn man im Team arbeitet.

Unfälle, Ursachen und Sofortmaßnahmen

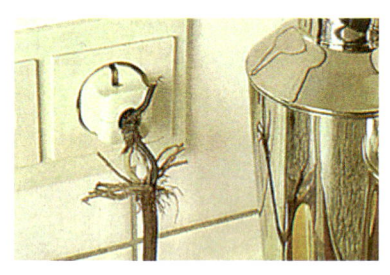

Stromschlag!
- Kabel regelmäßig überprüfen.
- Schadhafte Kabel vom Fachmann reparieren lassen.

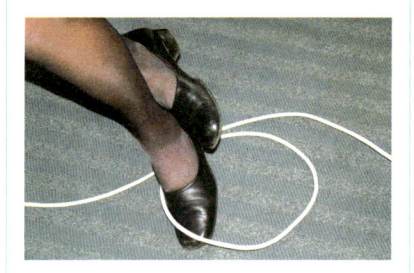

Stürze
Kabel aufwickeln, nicht am Boden liegen lassen.
- Prellungen, z. B. am Knie: Bein ruhig stellen, kühlen Wickel auflegen.

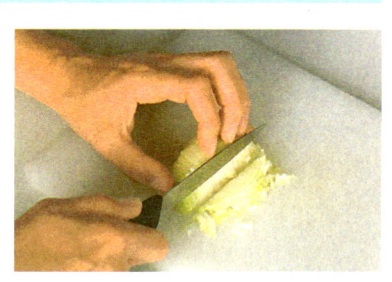

Schnittverletzungen
Rutschfeste Unterlage verwenden. Krallengriffe anwenden. Geräte sachgerecht handhaben.
- Wunde mit Pflaster abdecken.

Verbrühungen oder Verbrennungen
Trockene Topflappen benützen. Heiße Flüssigkeiten von dir weg abgießen.
- Verbrühungen und leichte Verbrennungen mit kaltem Wasser oder Eis kühlen.

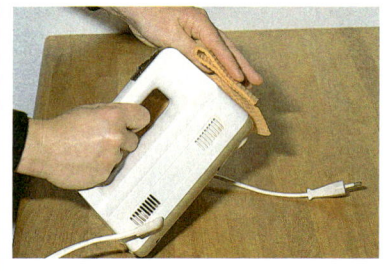

Elektrischer Schlag
Sicherheitszeichen beachten. Geräte nur in einwandfreiem Zustand benutzen. Vor der Reinigung Netzstecker ziehen.
- Stromfluss unterbrechen durch Herausziehen des Netzsteckers.

Pfannenstiele beachten!
Topf- und Pfannenstiele nach innen drehen: verhindert versehentliches Herunterstoßen der Pfanne.
- Lockere Pfannenstiele wieder festschrauben

! Wenn du diese Gefahrensymbole auf Verpackungen findest, ist besondere Vorsicht geboten.

Gefahrensymbole

F	O	E	Xi	C	T	Xn
leicht entzündlich	brandfördernd	explosionsgefährlich	reizend	ätzend	giftig	gesundheitsschädlich

Unfälle vermeiden heißt verantwortlich handeln – für sich und andere.

Unfallvermeidung im Haushalt

Dem Unfall keine Chance

Ines: „Was soll bei Pizzapuffern besonders gefährlich sein?"
Robert: „Letztes Mal hast du dich ja auch schon geschnitten."
Enrico: „Wenn die Messer frisch geschliffen sind, ist das wirklich nicht ungefährlich."
Ines: „Nicht nur die Messer können gefährlich sein, sondern auch die Reibe und das heiße Fett in der Pfanne."

Pizzapuffer

Zutaten	Arbeitsschritte und richtiger Umgang mit Fett
500 g Kartoffeln je ¼ rote, gelbe und grüne Paprikaschote 2 Eier etwas Salz ½ Teel. Oregano ca. 3 Essl. Haferflocken wasserfreies Fett zum Ausbacken, z. B. Öl, Kokosfett	waschen, schälen, raspeln waschen, in sehr feine Streifen schneiden dazugeben } würzen binden erhitzen (Merkmal: Fett zieht Streifen.) Pro Puffer einen Esslöffel Teig einlegen und flachdrücken, von beiden Seiten goldgelb backen, evtl. auf Küchenkrepp entfetten.
	Reinige die fette Pfanne vor dem Spülen mit Küchenkrepp vor. (Gewässerschutz/Umweltschutz)

Tipp: Puffer werden durch Gemüse, Kräuter oder Obst der Saison zu Zucchini-, Kohlrabi-, Karotten-, Kräuter- oder Apfelpuffern.

Ausbacken ist Garen in heißem Fett in der Pfanne. !

Setze die Pfanne mit dem Stiel nach innen auf das Kochfeld. !

Unfallvermeidung beim Ausbacken in der Pfanne

Lege den Pufferteig langsam mit dem Löffel in das heiße Fett. Schalte die Platte rechtzeitig herunter. Beobachte die Pfanne ständig. Bei überhitzter Pfanne Ruhe bewahren, Pfanne auf eine kalte Platte stellen und mit einem Deckel abdecken.

Überhitztes Fett nur durch Sauerstoffentzug (Ersticken) löschen, nie mit Wasser! !

Wasserhaltige Fette eignen sich nur zum Dünsten. !

Aufgaben

1. Erläutere die Unfallsituationen auf den Bildern.
2. Bezieht zum Gespräch von Ines, Robert und Enrico Stellung.
3. Lies das Rezept und bereite deinen Arbeitsplatz unfallsicher vor.
4. Begründe die Verwendung von wasserfreiem Fett.
5. Erkläre die Aussage: Unfälle sind keine Zufälle.
6. Gestaltet ein Plakat mit Sicherheitsregeln für die Schulküche.

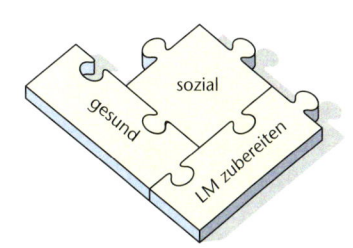

4 Technische Hilfen im Haushalt

Sicheres Arbeiten in der Küche

Das Handy klingelt.
Martin: „Hallo, Mutter."
Mutter: „Zu uns kommen heute vier Gäste zum Abendessen. Alle essen gerne Spätzle."
Martin: „Die gelingen mir mit dem Rezept. Für die Gäste und uns brauche ich die doppelte Rezeptmenge, oder?"
Mutter: „Richtig. Du kannst dazu auch das elektrische Handrührgerät verwenden. Lies aber in der Gebrauchsanleitung nach, wie man mit den Knethaken umgeht."

Schwäbische Käsespätzle und roher Salat der Saison

Zutaten	Arbeitsschritte
375 g Vollkornmehl oder Auszugsmehl etwas Jodsalz	in eine Schüssel geben,
2 – 3 Eier $^{1}/_{4} - ^{3}/_{8}$ Liter Wasser	zufügen, nach und nach zugeben, mit Kochlöffel oder Knethaken rühren
reichlich Salzwasser	zum Kochen bringen, Spätzleteig portionsweise in den Spätzlehobel füllen und in das kochende Salzwasser stoßen. Spätzle im offenen Topf aufkochen lassen, bis sie hochsteigen. Gegarte Spätzle schwimmen oben. Mit dem Schaumlöffel herausnehmen, im Seiher kalt abschrecken und abtropfen lassen.
50 – 100 g Allgäuer Emmentaler	reiben
1 – 2 Essl. Öl 2 Zwiebeln	in der Pfanne erhitzen, in feine Ringe schneiden und rösten, dann warm stellen.
etwas Öl oder Butter	in der Pfanne erhitzen und Spätzle darin schwenken. Spätzle in vorgewärmte Auflaufform oder Schüssel lagenweise einfüllen, dazwischen den geriebenen Käse geben (Käse schmilzt). Mit den größten Zwiebelringen anrichten.

Für Spätzle als Beilage genügen 250 g Mehl.

Aufgaben

1 Informiere dich in der Gebrauchsanweisung. Präsentiere dein Wissen deinen Mitschülern.

Gruppe 1: Erkläre allgemeine Sicherheitsbestimmungen.
Gruppe 2: Demonstriere den sicheren Arbeitsablauf beim Geräteeinsatz.
Gruppe 3: Zeige die sachgerechte Reinigung und Wartung.

Zubehörteile des elektrischen Handrührgerätes ü m

Zubehörteile des elektrischen Handrührgerätes

Rührbesen
Becher
Passierstab
Knethaken

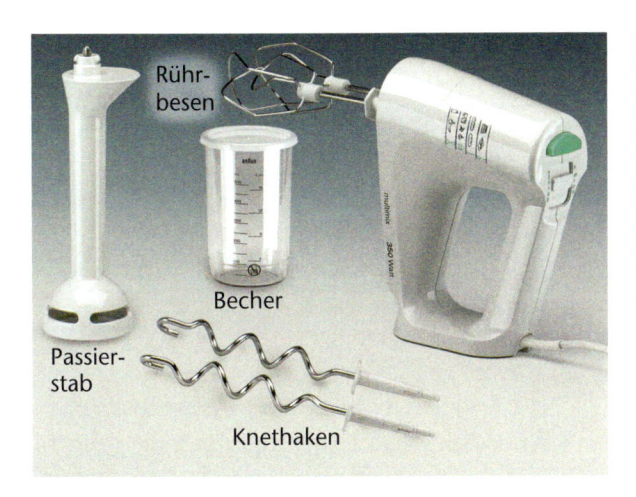

Zerkleinerer

Gebrauch der Zubehörteile

Die Zubehörteile sind entsprechend der Markierung in das elektrische Handrührgerät einzusetzen. Art und Menge der Lebensmittel bestimmen die Auswahl der Zubehörteile.

- Fülle die Zutaten in ein geeignetes Gefäß (Rührschüssel oder Becher).
- Verwende den Rührbesen nur für Eischnee, Creme und Majonäse.
- Benutze die Knethaken für schwere Teige (Brotteig, Spätzleteig, Quarkölteig, Hefeteig).
- Verwende die beiden Rührbesen für Rührteige und für Sahne.
- Setze den Passierstab für weichgekochte Zutaten ein, z. B. zum Herstellen von Kartoffelbrei oder Apfelmus.

Aufgaben

1 Berechne die doppelte Rezeptmenge.
2 Erkenne alle Unfallgefahren und nenne Maßnahmen zur Unfallvermeidung. Kontrolliere dich auf Seite 104.
3 Formuliere allgemein gültige Regeln für die Wartung und Reinigung von elektrischen Geräten.
4 Informiere dich selbstständig über die Zubehörteile des elektrischen Handrührgerätes und deren Einsatzbereiche.
5 Fasse die Bedeutung einer Gebrauchsanweisung zusammen.
6 Bereite das Gerät mit den Zubehörteilen für das Milchmixgetränk nach Anleitung vor und berichte.

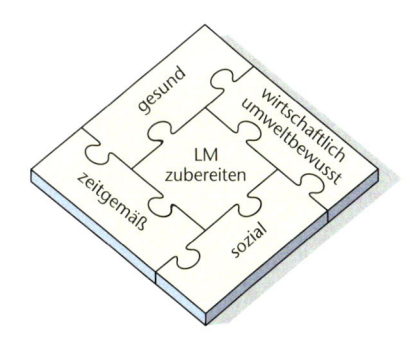

Die Gebrauchsanweisung informiert und schützt

Unsere Schule hat vier elektrische Waffeleisen für die Schulküche bestellt. Heute ist die Lieferung eingetroffen. Wir packen die Lieferung aus und setzen die Waffeleisen ein.

Aus der Gebrauchsanweisung:
Informationen über das Gerät
Bei einem Waffeleisen wird der Teig zwischen zwei beheizten Backplatten von beiden Seiten gleichmäßig ausgebacken.

Allgemeine Sicherheitshinweise
- Lies bitte die Bedienungsanleitung vor dem ersten Gebrauch eines Gerätes sorgfältig durch.
- Überprüfe, ob die Netzspannung mit dem Typenschild des Gerätes übereinstimmt.
- Stelle das Gerät auf eine feste Unterlage.
- Beachte, dass das Kabel das heiße Eisen nicht berührt.
- Lasse das heiße Gerät nicht unbeobachtet.
- Ziehe vor der Gerätereinigung den Netzstecker.
- Reinige das Waffeleisen nur mit einem feuchten Tuch, nie im Spülbecken.

Hinweise zum Einsatz
Wische die Backplatten des Waffeleisens vor dem ersten Gebrauch feucht aus.

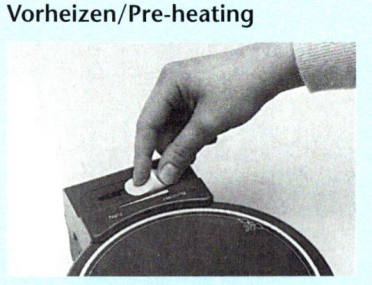

Vorheizen/Pre-heating
Das Waffeleisen ist heiß, wenn die Kontrolllampe erlischt.

Backen/Cooking
Bestreiche die Backflächen dünn mit Fett.

Fülle den Teig nur in der Mitte der Backfläche ein. Schließe das Gerät. Wenn die Kontrolllampe erlischt, ist die Waffel fertig.

Reinigung/Cleaning
Ziehe vor dem Reinigen den Netzstecker.

Reinige die Backplatten mit Küchenpapier vor.

Aufbewahren/Tidy up
Wickle das Kabel an der Unterseite des Gerätes sorgfältig auf.

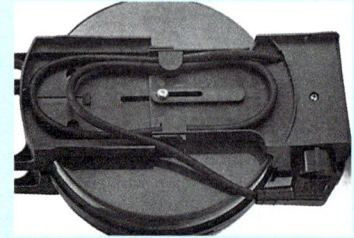

Garantie
Hebe den Garantieschein und die Originalverpackung auf. Reparaturen sollten nur durch den Fachhändler erfolgen.

5 Soziales Miteinander

Leben und Lernen in der Gemeinschaft

Jeder lebt in verschiedenen Gruppen, kleinen Gemeinschaften wie z. B. der Familie, der Fußballmannschaft, der Schule, der Klasse. Dabei geht es nicht immer ohne Konflikte. Aber jeder Konflikt kann gemeinschaftlich und demokratisch mit einfachen Strategien gelöst werden. Bei einem gemeinsamen Vorhaben mit Kindern lösen wir auftretende Probleme und zeigen soziales Verhalten.

Probleme in der Gemeinschaft lösen

Jedes Mitglied einer Gruppe übernimmt bestimmte Aufgaben, z. B. das Abtrocknen des Geschirrs, das Reinigen der Tafel usw. Außerdem entwickelt jede Gruppe verpflichtende Gebote und Verbote als Grundlage einer gemeinsamen und für alle verbindlichen Ordnung. So entsteht ein Gefühl der Zusammengehörigkeit, das durch eine gemeinsame Zielsetzung – z. B. das nächste Spiel zu gewinnen – noch verstärkt wird.

Eine Lerngruppe in der Schule ist zunächst eine Art Zwangsgemeinschaft mit Jugendlichen gleichen Alters und verschiedenen Geschlechts. Dennoch sollte auch hier das Gefühl der Zusammengehörigkeit so stark ausgeprägt sein, dass Meinungsverschiedenheiten es nicht erschüttern können. Jeder sollte immer wieder von neuem dazu bereit sein, sich mit den anderen zu verständigen.

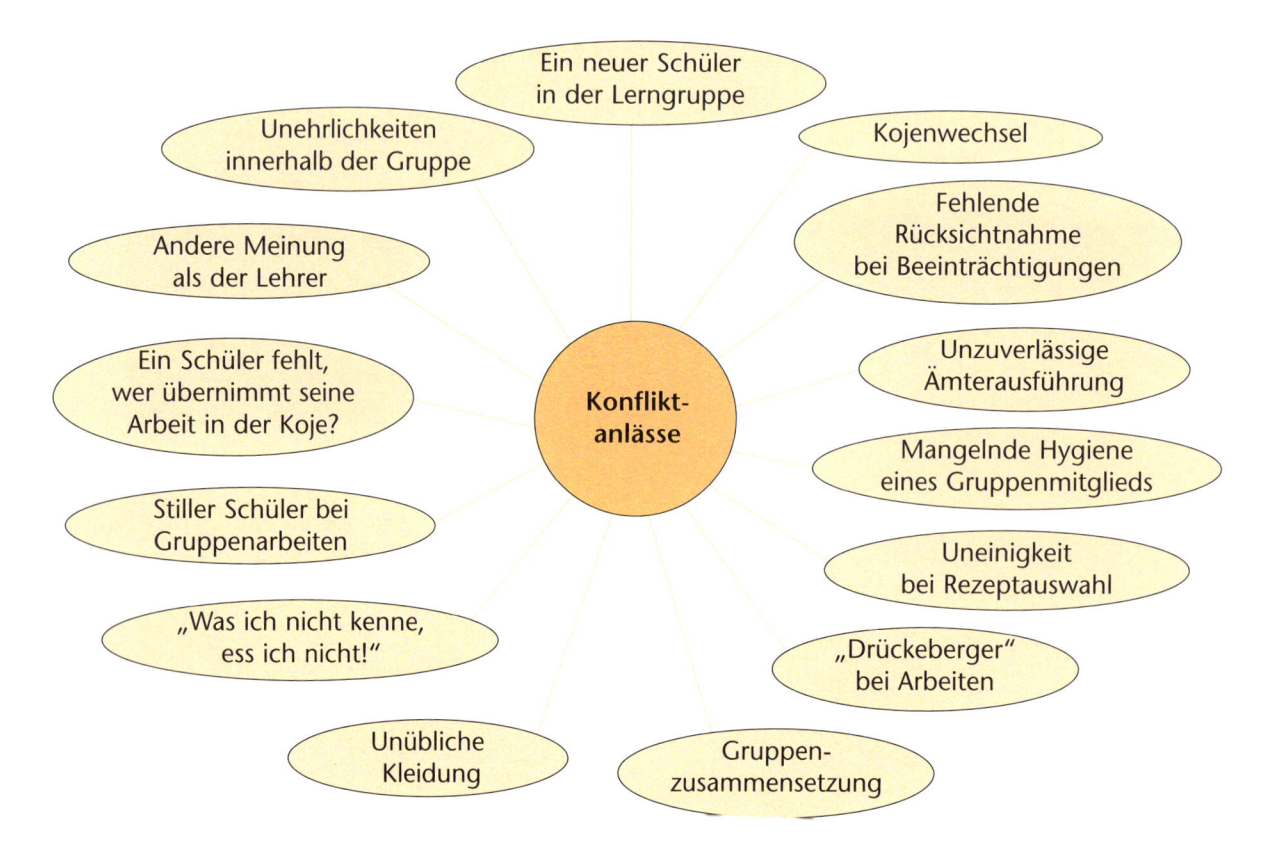

Konfliktanlässe:
- Ein neuer Schüler in der Lerngruppe
- Unehrlichkeiten innerhalb der Gruppe
- Kojenwechsel
- Fehlende Rücksichtnahme bei Beeinträchtigungen
- Andere Meinung als der Lehrer
- Unzuverlässige Ämterausführung
- Ein Schüler fehlt, wer übernimmt seine Arbeit in der Koje?
- Mangelnde Hygiene eines Gruppenmitglieds
- Stiller Schüler bei Gruppenarbeiten
- Uneinigkeit bei Rezeptauswahl
- „Was ich nicht kenne, ess ich nicht!"
- „Drückeberger" bei Arbeiten
- Unübliche Kleidung
- Gruppenzusammensetzung

Leben und Lernen in der Gemeinschaft

Konflikte lösen lernen

Konflikte in der Gruppe kennt jeder. Oft leiden die Gruppenmitglieder unter den Auseinandersetzungen. Damit das gemeinsame Lernen und Arbeiten nicht nachhaltig gestört wird, müssen Konflikte beigelegt werden.

Grundvoraussetzung für die Konfliktlösung ist die Bereitschaft zu Toleranz und Kompromissen. Ursachen und Zusammenhänge zu erkennen ist eine weitere wesentliche Voraussetzung für die Konfliktlösung. Ein offenes Gespräch bietet sich hier immer an.

Toleranz meint dulden, z. B. Anschauungen, Meinungen, Gewohnheiten, Bräuche anderer.

Kompromiss meint Ausgleich schaffen, Bereitschaft, eigene Bedürfnisse gegenüber denen anderer abzuwägen.

Sei ein gutes Vorbild

Denn:

Wer angehört wurde,	der wird zuhören können.
Wer sich im Gespräch verständlich machen durfte,	der wird Wünsche und Meinungen zum Ausdruck bringen können.
Wer zur Höflichkeit angehalten wurde,	der wird den rechten Ton gegenüber anderen finden.
Wer nachsichtig und verständnisvoll behandelt wurde,	der wird eher Toleranz üben können.
Wer Gerechtigkeit erfuhr,	der wird gegenüber anderen gerecht sein können.

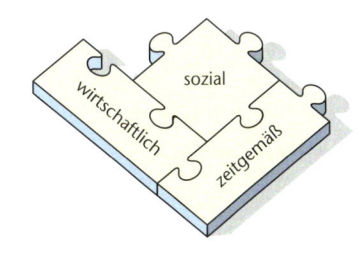

Schritte zur Konfliktlösung

1. Konflikt ansprechen (unter vier Augen, vor der Gruppe, mit dem Lehrer).
2. Aufzeigen des Problems.
3. Alle Beteiligten zu Wort kommen lassen.
4. Verständnis und Toleranz entwickeln und zeigen.
5. Gemeinsam und demokratisch nach Lösungswegen suchen.
6. Bewusstmachen von Stärken und Schwächen.
7. Verbesserungsvorschläge erproben.
8. Reflexion über Vorgehen und Verhalten.

Aufgaben

1 Bildet zur Pro- und Kontra-Diskussion drei Gruppen. Hinweis: Die dritte Gruppe beobachtet und notiert das Verhalten der Diskussionsteilnehmer. Eventuell Rollentausch der drei Gruppen nach fünf Minuten.

2 Entwickelt aus den Schritten zur Konfliktlösung einen Gruppenvertrag.

m 3 Gestaltet ein Plakat zur demokratischen Konfliktlösung.

m 4 Entwerft für die getroffenen Abmachungen zur besseren Zusammenarbeit in der Gruppe einen „Vertrag".

111

Verantwortung übernehmen bei der Betreuung von Kindern

Jetzt, in der siebten Klasse, könnt ihr schon jüngere Schüler fördern und betreuen. Ihr könnt zum Beispiel einen Grundschüler auf dem Schulweg begleiten, mit ihm zum Bus gehen und ihn während der Fahrt beaufsichtigen. Du übernimmst damit für längere Zeit eine feste Aufgabe, eine so genannte Schulwegpatenschaft.
Du kannst zum Beispiel Pausenspiele organisieren, eine Schülergruppe beaufsichtigen, die dir der Lehrer zugeteilt hat, für Ordnung im Pausenhof sorgen und Streit schlichten.

Grundlagenwissen für den Umgang mit Kindern
Als Kindesalter bezeichnen wir die Zeit zwischen dem zweiten und dem sechsten Lebensjahr. In diesem Entwicklungsabschnitt werden alle wichtigen geistigen und körperlichen Fähigkeiten ausgebildet und im Spiel eingeübt.

3. und 4. Lebensjahr

Alter	Fähigkeiten/ Fertigkeiten	Möglichkeiten zur Förderung
3. und 4. Lebensjahr	Zunehmender Bewegungsdrang, zunehmende Geschicklichkeit, Beginn des gemeinsamen Spiels, Streben nach Selbstständigkeit, tut eigenen Willen kund (Trotzalter), Mehrwortsätze, Auswendiglernen	Raum, Spielzeug und genügend Zeit zum Spielen geben. Kind möglichst oft entscheiden lassen, selbstständiges Tun fördern, zum Erzählen anregen, Fragen geduldig beantworten
5. und 6. Lebensjahr	Zunehmende Ausdauer bei körperlicher Betätigung, zunehmende Geschicklichkeit, zielgerichtete Fragen, Erkennen von Zusammenhängen, Entwicklung von Realitätsbewusstsein, Ausdauer beim Malen, Basteln und Singen, ordnet sich in größere Gruppen ein (Schulreife), Wortschatz nimmt zu	Wandern, Sport und Spiel im Freien. Erster Musikunterricht. Sprachentwicklung unterstützen durch Bücher und Geschichten, besonders Märchen

Mit den Lebensjahren nehmen die körperliche Geschicklichkeit, die Denkfähigkeit und die sprachliche Ausdruckskraft zu. Kindliches Lernen vollzieht sich im freien und im bewusst geförderten Spiel. Denken muss das Kind immer dann, wenn es sich in neuen Situationen zurechtfinden soll. Oft reicht der natürliche Instinkt nicht aus, um Gefahren im Voraus richtig einzuschätzen.
Mithilfe der Sprache kann das Kind seine Umwelt erfassen, verstehen und durchdringen. Bewusste Sprachförderung ist Voraussetzung für soziales Verhalten und Entwicklung des Denkvermögens.

Verantwortung übernehmen bei der Betreuung von Kindern

Lernen durch Spielen

Spielen ist lernen und Spaß haben zugleich. Erwachsene und jugendliche Spielpartner haben die Aufgabe, behutsam zu begleiten, ohne massiv einzugreifen.

Spiele fördern Körper und Motorik (z. B. greifen, tasten, bewegen, auffangen, koordinieren, sehen, beobachten, Gleichgewicht üben), Geist (z. B. denken, sprechen, kombinieren, konstruieren), Kreativität (z. B. malen, kneten, falten, schneiden, erkennen von Farben und Formen, Umgang mit Materialien), Psyche und soziales Verhalten (z. B. nachahmen, Erfahrungen „ausspielen", Fantasie entfalten, Normen einüben, Gruppenverhalten erproben).

Spiele mit Verstand auswählen

Wichtige Überlegungen dabei sind, ob
- das Spiel dem Alter der Kinder entspricht,
- das Spiel im Raum oder im Freien durchführbar ist,
- das Spiel mit einfachen Mitteln gestaltet werden kann,
- das Spiel ohne große Vorbereitungen möglich ist,
- beim Spiel Sicherheitsmaßnahmen nötig sind,
- die Spielutensilien umweltfreundlich sind,
- die Spiele genügend Abwechslung bieten,
- die Kinder beim Vor- und Nachbereiten helfen können.

Sei Vorbild beim Spielen und Lernen mit Kindern

Angemessenes Verhalten im Umgang mit kleineren Kindern ist ruhig, freundlich, verständig, hilfsbereit, partnerschaftlich.

Lob und Ermutigung bewirken mehr als Schimpfen und Tadel oder die Androhung von Strafe. Mit Kindern musst du viel Geduld haben, denn sie brauchen für alles mehr Zeit als du.

Räume dem Kind ein Mitspracherecht ein, z. B. bei der Auswahl von Spielen. So fühlt sich das Kind ernst genommen.

Besuch im Kindergarten – Erkundungsbogen

1. Informationen zum Kindergarten (Träger, Betreuungszeiten)
2. Zusammenarbeit mit Eltern (z. B. Rundschreiben)
3. Erziehungsinhalte im Kindergarten
4. Mögliche Berufe im Bereich Kindergarten
5. Informiere dich im Internet über die Berufe Kindergärtner/-in und Kinderpfleger/-in.
6. Meine persönlichen Eindrücke vom Besuch im Kindergarten.

Programm im Kindergarten

1. Begrüßung durch die Kindergärtnerin
2. Verteilen der Schüler auf die Kindergartengruppen
3. Vorstellungsspiel in der Kindergruppe
4. Verschenken der Mitbringsel an die Kinder
5. Durchführen der vorbereiteten Spiele
6. Abschiedslied im Kindergarten
7. Dank an die Leiterin
8. Einladung in die Schule

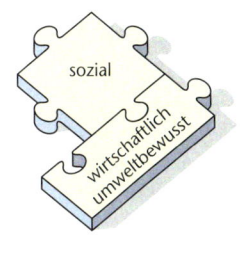

Aufgaben

1 Informiert euch in Kinderbüchern und/oder im Internet unter **www.blinde-kuh.de**, Suchbegriff „Spiele", über altersgemäße und lehrreiche Spiele für Kinder.

2 Erprobt die Spiele selbst in der Gruppe.

5 Soziales Miteinander

Tischschmuck
- gefaltete Servietten
- Kerzen
- Blumen

So entsteht der „Fächer":

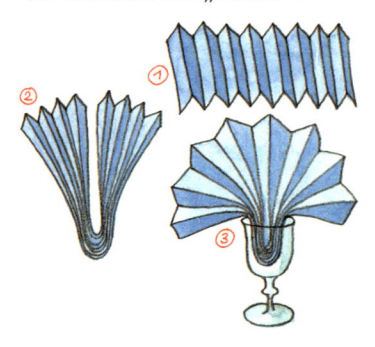

Lege eine Serviette einmal zusammen und falte sie ziehharmonikaartig. Knicke die in Falten gelegte Serviette in der Mitte und stelle sie in ein Glas. Nun ziehe die Serviettenteile in Fächerform auseinander.

Und so entsteht die „Bischofsmütze":

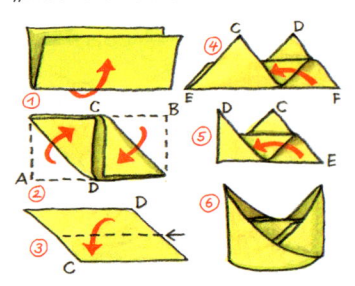

Lege eine größere Serviette doppelt. Falte Ecke A nach oben und Ecke B nach unten. Wende die Serviette und falte sie an der gestrichelten Linie nach unten zusammen.
Falte Ecke F nach vorn und lege sie unter Ecke C. Wende das Ganze, falte Ecke E nach vorn und stecke den Falz ein, fertig.

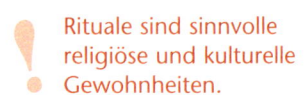

> ❗ Rituale sind sinnvolle religiöse und kulturelle Gewohnheiten.

Tischkultur im Alltag

Das Frühstück und das Abendessen sind während der Woche meist die einzige Gelegenheit, bei der sich die Familie trifft. Dabei geht es nicht nur darum, Nahrung genussvoll einzunehmen, sondern auch um das Beisammensein.

Das Tischgespräch
Tagesereignisse werden während eines Tischgespräches ausgetauscht, Wünsche geäußert und Probleme besprochen. Bekannte Gesprächsregeln wie nicht ins Wort zu fallen, nicht mit vollem Munde zu sprechen, angemessene Lautstärke und der richtige Umgangston gehören zum gepflegten Tischgespräch. Themen, die den Appetit verderben, sind natürlich ungeeignet. Sitzt Besuch mit am Tisch, entwickelt sich das Gespräch aus der Situation. Höfliches Miteinander ist auch eine wichtige Umgangsform, zu Hause wie unterwegs.

Umgangsformen bei Tisch
Wir essen gemeinsam, wenn sich alle bedient haben, und stehen erst auf, wenn alle mit dem Essen fertig sind.
Das Vorlegebesteck ist nur zum Herausnehmen der Speisen auf den eigenen Teller gedacht.
Überlade deinen Teller nicht, nimm lieber ein zweites Mal nach.
Geräuschloses Essen ist selbstverständlich.
Höflichkeit ist auch bei Tisch gefragt, reiche z. B. Platten und Schüsseln deinem Nachbarn.

Diese gewohnheitsmäßig eingeübten Regeln, auch Rituale genannt, entlasten das Denken, wenn sie automatisch ausgeführt werden. Eingeschliffene verbindliche Umgangsformen wie Grüßen, Bitten, Danken, Verhalten bei Tisch, Gesprächsregeln sind wichtig für eine kultivierte Lebensweise in Familie, Beruf und Öffentlichkeit. Rituale gibt es im religiösen Bereich – ein Tischgebet sprechen – und in kulturellen Bereichen – ein Händedruck zur Begrüßung.
Auch bei Tisch gilt: andere Länder, andere Sitten!

Tischkultur im Alltag

Aufmerksames Servieren

In der Familie und im Freundeskreis werden Platten und Schüsseln untereinander herumgereicht. Der Salat kann schon vor dem Essen auf den Tisch gestellt werden.

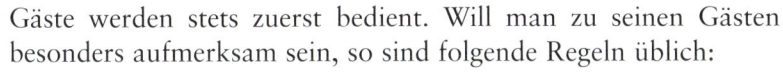

Ich bin fertig.

Ich möchte nachnehmen.

Gäste werden stets zuerst bedient. Will man zu seinen Gästen besonders aufmerksam sein, so sind folgende Regeln üblich:
- Von der rechten Seite des Gastes werden Getränke eingeschenkt und gefüllte Suppenteller oder Suppentassen eingestellt.
- Auch das Abservieren von Geschirr erfolgt von rechts.
- Schüsseln und Platten werden dem Gast von der linken Seite angeboten, damit er sich mit der rechten Hand bedienen kann.
- Erst wenn alle mit dem Essen fertig sind und das Besteck auf jedem Teller parallel liegt, wird abserviert. Tablett oder Servierwagen sind dabei wertvolle Helfer.

Einschenken von rechts

Esskultur als Lebensweise

Esskultur, Tischkultur und Tischgespräche bereichern das Leben in der Gemeinschaft. Gemeinsames Essen und Sprechen unter Freunden und im Berufsleben schafft ein zwangloses Miteinander, knüpft Kontakte und verbindet. Den Familientisch schätzen über 80 % der Kinder und Jugendlichen als einen Ort der Kommunikation, Gemütlichkeit und Entlastung von Sorgen.

Die tägliche Anwendung von Tischsitten erleichtert dir das Auftreten in der Öffentlichkeit.

Aufgaben

1. Befrage deine muslimischen Mitschüler/-innen über Religion und Esskultur. Beziehe dein Wissen aus Religion und Ethik ein.
2. Vergleiche christliche und muslimische Esskultur und gestalte ein Plakat.
3. Nenne Tischmanieren, die in der Gruppe Gewohnheit sind und welche noch trainiert werden müssen.

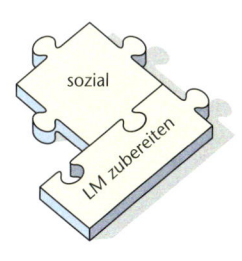

Speisenpräsentation im Alltag

Wie du schon weißt, isst man nicht nur, um satt zu werden, sondern auch aus Freude an schmackhaften und hübsch angerichteten Speisen. Es gibt viele Möglichkeiten durch richtig ausgewählte Garnituren den Appetit anzuregen, sodass jeder am Tisch gerne zugreift.

Speisen und Getränke präsentieren

Eines solltest du vor dem Garnieren beachten: Bei warmen Gerichten muss man rasch und zügig arbeiten, damit die Speisen nicht schon kalt auf den Tisch kommen und dadurch an Geschmack verlieren. Teller, Schüsseln und Platten sollten deshalb auf jeden Fall vorgewärmt werden. Garniert wird erst unmittelbar vor dem Servieren.

Wie du auf den Abbildungen erkennen kannst, lassen sich aus vielen Lebensmitteln mit einfachen Mitteln wirkungsvolle Garnituren herstellen.

Hawaii-Apfel	
Zutaten	Arbeitsschritte
4 Äpfel	waschen, Deckel glatt oder gezackt abschneiden und aushöhlen.
2 Orangen	auspressen und mit dem Fruchtfleisch der Äpfel im Mixer pürieren.
Honig nach Geschmack $1/4$ Liter Apfelsaft (gekühlt)	Honig zugeben, mit Apfelsaft auffüllen, mixen und kalt stellen.
4 Kugeln Vanilleeis	Saft in ausgehöhlte Äpfel geben, mit Vanilleeis und Strohhalmen sofort servieren.

Appetitliches Anrichten

Angerichtete Speisen wirken nur dann dekorativ, wenn Schüsseln und Platten nicht überfüllt sind. Selbstverständlich müssen Schüsselrand und Plattenrand sauber bleiben. Lebensmittel auf runden Platten kreisförmig, auf eckigen Platten in Streifen anordnen und dabei in der Farbe wechseln.

Kreatives Garnieren

Die Garnitur soll die Wirkung der Speisen heben und sie nicht übertönen. Farbe und Geschmack der Garnitur müssen zu den Speisen passen. Garnierte Speisen sollen nach längerem Stehen noch ansehnlich aussehen und essbar sein. Die Technik des Garnierens im Alltag ist einfach, ohne großen Zeitaufwand herstellbar und vor allem preiswert.

Speisenpräsentation im Alltag

Tischdecken für alltägliche Mahlzeiten

Gylay: „Bei uns ist es selbstverständlich, dass Mädchen den Tisch decken."

Stefan: „Ich mach' das auch, wenn's einfach und praktisch ist."

Cornelia: „Was verstehst du darunter?"

Stefan: „Besteck und Bretter stelle ich in die Mitte vom Tisch, und jeder nimmt sich, was er braucht."

Dirk: „Also, meine Mutter legt großen Wert auf einen schönen Tisch. Ich helfe dabei gelegentlich."

Cornelia: „Wir decken den Tisch nur sonntags. Wochentags essen wir schon mal aus dem Topf oder dem Papier."

Gylay: „Ich habe gar nicht gedacht, dass schon beim Tischdecken so große Unterschiede bestehen!"

Das Gedeck

Frühstück/Kaffee    *Mittagstisch*    *Abendessen*

Wir bereiten den Tisch vor

Als *Tischauflage* eignen sich Sets, Mitteldecke oder Tischdecke. Alles sollte sauber, wenn aus Stoff, dann auch gebügelt sein.
Die *Tischdecke* wird so aufgelegt, dass die Stoffbrüche parallel zur Tischkante verlaufen und die Ränder gleichmäßig überhängen.
Im Zentrum des *Gedeckes* steht der Teller, etwa 2 cm vom Tischrand entfernt; Holzbretter passen für ein einfaches Abendessen auch.
Das *Messer* liegt für Rechtshänder rechts vom Teller (Schneide nach innen), die *Gabel* links und der *Dessertlöffel* oberhalb.
Wir essen von „außen nach innen", der *Suppenlöffel* liegt daher rechts neben dem Messer.
Trinkgefäße stehen rechts oben, Salatteller links oben.
Servietten liegen auf dem Teller oder links neben dem Besteck.

! Beim Gedeck hat jedes Teil seinen festen Platz.

Aufgaben

1 Suche im Buch nach weiteren Anrichtemöglichkeiten.
2 Erprobe das Tischdecken und Garnieren von Speisen.
(m) 3 Suche im Internet Bilder zu Garnierungsmöglichkeiten.
(m) 4 Zeige den Zusammenhang zwischen Präsentation von Speisen und dem Genuss beim Essen auf.

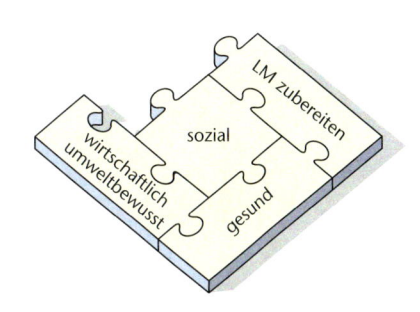

Gemeinsames Essen schätzen

Karin, Peter, Erhan und Ezlem im Gespräch

Karin erzählt aus dem Urlaub in der Türkei im letzen Sommer. Besonders schwärmt sie von dem guten Essen, wie türkischer Pizza, Nudeltäschchen mit Hackfleisch und gefüllten Weinblättern.
Peter war zwar noch nie in der Türkei, aber er hat schon oft in der Stadt Döner Kebab am Imbissstand gegessen.
Erhan und Ezlem mischen sich in das Gespräch ein und nennen die türkischen Namen der Rezepte: Lahmacun, Manti und Yaprak Dolmasi. Die vier entscheiden sich, zusammen Lahmacun mit Salat und Getränken zu kochen. Dazu decken sie selbstständig einen ansprechenden Mittagstisch und zeigen gute Tischmanieren.

Lahmacun (türkische Pizza)

Zutaten	Arbeitsschritte
Teig: 100 g Magerquark 5 Essl. Milch 5 Essl. Öl etwas Salz 200 g Mehl $^1/_2$ Päck. Backpulver	Quarkölteig in All-in-Methode mit den Knethaken des Handrührgerätes herstellen. Mit bemehlten Händen acht Teigkugeln formen, zu Fladen flachdrücken, auf zwei mit Backtrennpapier belegte Bleche geben.
Belag: 1 Zwiebel $^1/_2$ grüne Paprikaschote 150 g Rinderhackfleisch 1 Pack. Tomatenfruchtfleisch mit Kräutern etwas Salz, Pfeffer, Paprika, Oregano	würfeln mischen, Zwiebel- und Paprikawürfel zugeben, vermengen und gleichmäßig auf die Teigfladen streichen. Backzeit: Bei Ober- und Unterhitze 200 °C, 8–10 Minuten

Aufgaben

1 Decke den Mittagstisch für Pizza, Salat und Getränke nach Wahl.
2 Nenne geeignete Pizzabeläge für muslimische Mitschüler.
3 Übe das Servieren der Pizza und das Abtragen des Geschirrs.
4 Führe bewusst ein Tischgespräch.

Essgewohnheiten anderer Länder

Eine Nationalküche ist geprägt von typischen Lebensmitteln. Die Gewürze und Gemüse, die in einem Land gedeihen, geben den Gerichten ihren unverwechselbaren Charakter. So werden z. B. im gesamten Mittelmeerraum und den angrenzenden Ländern Speisen überwiegend mit Olivenöl zubereitet. In südeuropäischen Ländern erhalten die Speisen durch Knoblauch, Pfeffer und Paprika ihren besonderen Geschmack. Der Fladen ist die typische Brotform in der Türkei. Lahmacun kann zusammengeklappt oder gerollt ohne Besteck gegessen werden.
Gläubigen Moslems ist der Verzehr von Schweinefleisch verboten. Dieses Gebot ist gut zu verstehen, wenn man weiß, dass das Klima der Türkei für die Schweinehaltung ungünstig ist.
Lahmacun wird deshalb mit Rindfleisch zubereitet.
Hinzu kommt, dass die einfache Landbevölkerung in Anatolien Fleischgenuss nur an Bayramfesten kennt. Eines dieser Feste beendet den Fastenmonat Ramadan, den neunten Monat des islamischen Kalenders. Von Sonnenaufgang bis Sonnenuntergang wird gefastet, anschließend wird reichlich gegessen.

Vieles ist uns gemeinsam
Alle Religionen kennen das Fasten. Im Fasten reift der Mensch an Seele, Geist und Körper. Die Zeit des Fastens liegt in einer Jahreszeit, in der wenig geerntet wird. Die Knappheit der Nahrung konnte damit überbrückt werden.

Gemeinsam sind uns auch kohlenhydratreiche Grundnahrungsmittel. Das sind z. B. Getreide und Kartoffeln in Mitteleuropa, Reis in asiatischen Ländern, Bohnen in Südamerika oder Mais in den Balkanländern.
Uns alle verbindet die Freude am Essen in der Gesellschaft.

Das Gemeinsame suchen, die Unterschiede verstehen.
Guten Appetit – AFIYET ALSUN

Christlich-abendländische Feste
Neujahrstag
(1. Januar): in D, Gr, I
Fastnacht
(vor der Fastenzeit):
in D, Gr, I
Karfreitag
(Freitag vor Ostern): in D, Gr, I
Ostern
(Sonntag nach dem
1. Frühlingsvollmond): in D, I,
in Gr anderer Termin
Tag der Arbeit
(1. Mai): in D, Gr, I
Christi Himmelfahrt
(40 Tage nach Ostern): in D, I, Gr
Pfingsten
(10 Tage nach
Himmelfahrt): in D, I, Gr
Fronleichnam
(10 Tage nach Pfingsten) in D, I
Mariä Himmelfahrt
(15. August): in I, Gr
Allerheiligen
(1. November); in D, I
Nikolaus
(6. Dezember): in D, I
Heiliger Abend
(24. Dezember): in D, I
Weihnachten
(25./26. Dezember): in D, I, Gr

Muslimisch-türkische Feste
Muslimische Feste richten sich nach dem Mondkalender, der nicht mit unserem (gregorianischen) Kalender übereinstimmt.
Seker Bayramı (sobald der Neumond den 10. Monat Schawwal anzeigt): Zuckerfest (drei Tage) nach dem Ende des Ramadan (Fastenzeit)
Kurban Bayramı (10. Tag im 12. Monat Haddjan): Opferfest (vier Tage)

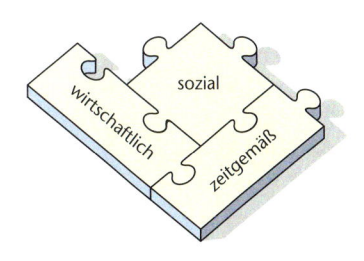

Aufgaben
1. Finde Gemeinsamkeiten und Unterschiede im christlichen und muslimischen Glauben und beziehe dein Wissen aus Religion oder Ethik ein.
2. Überlege, wie eine größere Menge an Pizza bei einer Schulveranstaltung ansprechend serviert werden kann.
3. Stellt die Feste und Feiertage eurer Herkunftsländer vor.
4. Vergleicht die Feiertage bei uns mit denen in der Türkei.
5. Erkläre, wodurch die Kochkultur eines Landes beeinflusst wird.

5 Soziales Miteinander

Benimm ist in

Vor allem jüngere Menschen wollen wieder lernen, wie man sich richtig benimmt und sicher auftritt. Es spricht sich herum. Mit Manieren kommt man besser an, privat und beruflich.

**Strategie:
Beobachten –
Reflektieren –
Optimieren**
Diese Strategie ist nützlich, um das eigene Verhalten und das meines Gegenübers zu überdenken und zu verbessern.

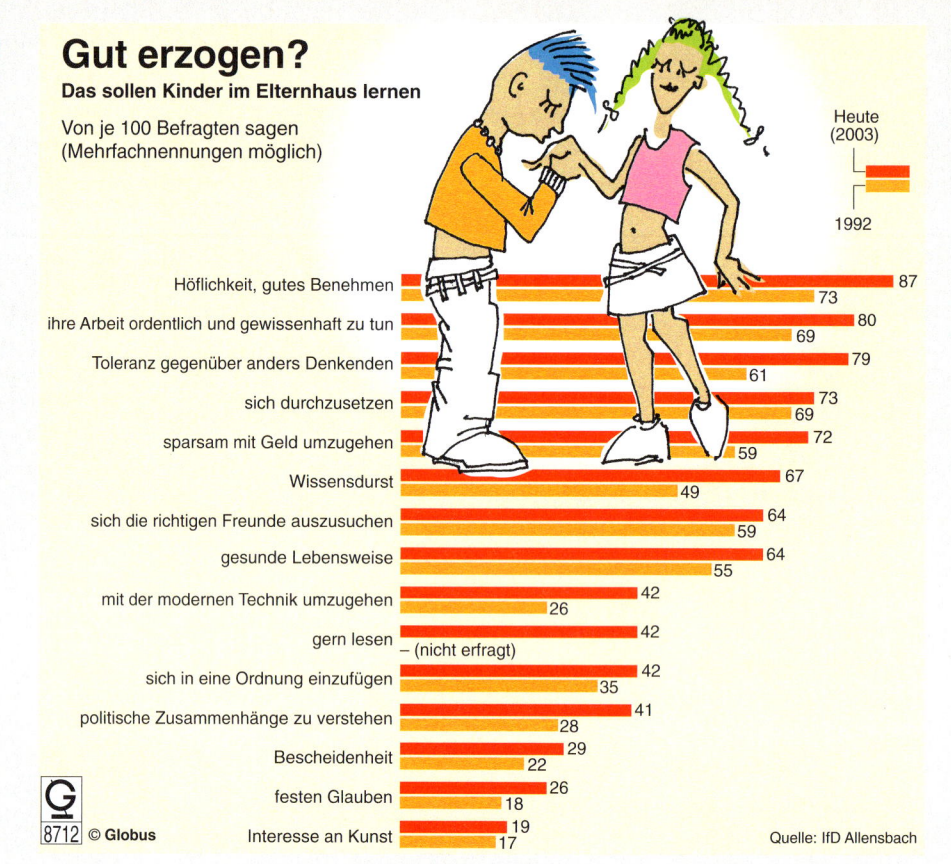

Gut erzogen?
Das sollen Kinder im Elternhaus lernen

Von je 100 Befragten sagen
(Mehrfachnennungen möglich)

Heute (2003) / 1992

Aussage	Heute (2003)	1992
Höflichkeit, gutes Benehmen	87	73
ihre Arbeit ordentlich und gewissenhaft zu tun	80	69
Toleranz gegenüber anders Denkenden	79	61
sich durchzusetzen	73	69
sparsam mit Geld umzugehen	72	59
Wissensdurst	67	49
sich die richtigen Freunde auszusuchen	64	59
gesunde Lebensweise	64	55
mit der modernen Technik umzugehen	42	26
gern lesen	42	– (nicht erfragt)
sich in eine Ordnung einzufügen	42	35
politische Zusammenhänge zu verstehen	41	28
Bescheidenheit	29	22
festen Glauben	26	18
Interesse an Kunst	19	17

© Globus 8712 — Quelle: IfD Allensbach

- Praktiziere konsequent alltägliche Umgangsformen: Grüßen, Bitten, Danken, höfliches Nachfragen, rücksichtsvoller Umgang z. B. am Pausenstand, im Schulbus.
- Kontrolliere dein Gesprächsverhalten: Umgangston, Gesprächsregeln, sachliche Argumentation, Höflichkeit bei Meinungsverschiedenheiten.
- Decke täglich einen schönen Tisch.
- Entwickle ein Gespür für umweltbewussten und jahreszeitlichen Tischschmuck im Alltag.
- Gewinne Routine bei Tischmanieren und Tischgespräch.
- Mache Tischkultur zum Lebensstil.

Mit „Knigge" erfolgreich

Wir trainieren Umgangsformen in der Öffentlichkeit, beim Besuch einer Pizzeria. Die angefertigten Fotos zeigen Mitschülern „Benimm ist in".

Der Begriff „Knigge" geht auf den Freiherrn von Knigge (1752–1796) zurück. Er war Schriftsteller und beschäftigte sich mit Umgangsformen für das höfliche Miteinander.

Freiherr von Knigge (1752–1796)

6 Informationen suchen, finden und bewerten

6 Informationen suchen, finden und bewerten

Projekt Dienstleistung: „Schüler betreuen Schüler"

Projektarbeit fordert selbstständiges Tun aller Beteiligten, von der Themenwahl über die Gestaltung bis hin zur Ergebnispräsentation. Beim Arbeiten und Wirtschaften für einen Markt und Anbieten einer Dienstleistung lassen sich bekannte Lernstrategien, Teamarbeit und soziales Verhalten üben und anwenden.

GtB 7b WTG 5a Kummer-Kasten bauen und gestalten

Ideensammlung zum Projekt
- Welche Dienstleistung können wir den Grundschülern und den Schülern in der 5. Klasse anbieten?
- Welche Stärken haben wir?
- Welcher Raum steht uns zur Verfügung?
- Welche Vorbereitungsarbeiten fallen an?
- Welche Verhaltensweisen werden von uns erwartet?

KtB 7a Plakate für die Dienstleistungs-angebote

↓

Formulieren des Projektziels

↓

Fixieren der Teilthemen für die Dienstleistung

KtB 7c Briefkopf gestalten für Kummer-weg-Aktion

Kummer-Kasten
- Zuhören und trösten
- Briefe schreiben
- Gespräche führen
- Streit schlichten
- Briefe beantworten

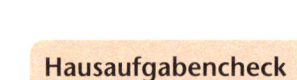

Computercorner
- Lernspiele
- Internetsuche nach Vorgabe
- Informationen aus CD-ROMs

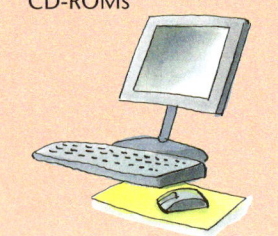

Dienstleistung Schüler betreuen Schüler 07:30–08:00 Uhr

Hausaufgabencheck
- Aufgaben kontrollieren und gemeinsam verbessern
- Vorlesen lassen
- Abfragen vor Proben

Konzentrationsspiele (Anforderungen an Spiele, Seite 113)

Umsetzung des Dienstleistungsangebots

- Wie werben wir für unser Dienstleistungsangebot (Handzettel, Lautsprecherdurchsage durch Schulleiter, Elternbrief)?
- Wie sind die Einzelbeiträge eigenständig vorzubereiten?
- Wann besteht die Möglichkeit, die Beiträge zu üben?
- Wie erstellen wir einen Zeitplan in Teamarbeit?

Zeitplan

Monat / Wochentag	Kummer-Kasten	Computer-corner	Konzentra-tionsspiele	Haus-aufgaben-check
1. Woche	Erhan	Martina	Julia	Ralf
2. Woche	Sabrina	Florian	Irene	Daniel
3. Woche	Sophie	Dennis	Niko	Barbara
4. Woche	Rita	Isabella	Josef	Philipp

Jeweils vier Schüler und Schülerinnen aus der 7. Klasse betreuen einmal wöchentlich Schüler und Schülerinnen aus der Grundschule oder aus der 5./6. Klasse von 07:30 bis 08:00 Uhr oder in der großen Pause oder in der Mittagspause.

↓

Anbieten der Dienstleistung am Projekttag

↓

Zwischenbesprechungen und Anregungen zur Verbesserung des weiteren Projektverlaufs

↓

Anbieten der Dienstleistung an weiteren Projekttagen

↓

Rückblick und Projektkritik

↓

- Welchen persönlichen Eindruck und welche neuen Erfahrungen habe ich gewonnen?
- Wie kann ich mich nächstes Mal besser einbringen?
- Wie ist unsere Dienstleistung angekommen?
- Wären acht Schüler/-innen besser als nur vier Schüler/-innen?
- Woher bekommen wir einen zweiten Computer?

Aufgaben

1. Wähle aus Kinderbüchern und aus dem Internet geeignete Spiele aus.
2. Erprobe die ausgewählten Spiele im Team.
3. Lege eine Spielesammlung in Karteiform an.

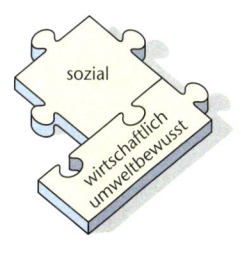

6 Informationen suchen, finden und bewerten

Projekt Arbeiten und Wirtschaften für einen Markt: „Rund um den Apfel"

Ideensammlung zum Projekt

1. Bericht zu Markt und Verbrauch
2. Der Apfel – ein Industrieprodukt?
3. Apfelprodukte im Handel
4. Informationen über den integrierten Anbau von Äpfeln durch einen Fachmann im Unterricht
5. Absprache zum gemeinsamen Unterrichtsgang
6. Verbraucherverbände und Verbraucherschutz
7. Der Apfel in der Ernährung – mit interaktivem Computerprogramm
8. Zubereiten von Apfelgerichten
9. Vorführen einer Dia- und Plakatreihe
10. Apfelfest mit schriftlicher und grafischer Dokumentation und Pflanzung eines Apfelbaumes auf dem Schulgelände

↓

Formulieren des Projektziels

↕

Fixieren der Teilthemen für die Teamarbeit

↕

Festlegen der Art und Weise der Bearbeitung der Teilgebiete

↓

a Z. B. Unterrichtsgang mit Interview (Super-, Wochenmarkt, Biobauer)
b Anschreiben einer Verbraucherzentrale
c Beschaffung oder Bereitstellung von Infomaterial Einbezug eines Fachmannes des Gartenbauvereins Sichtung von Filmen und Dias
d Auswertung von Infomaterialien, z. B. Geschichtliches
e Fotogruppe – Apfelbaum in den Jahreszeiten
f Sichten von Computerprogrammen
g Praktische Erprobung von Apfelspeisen und Begrenzung auf drei Rezepte; Einkaufszettel schreiben
h Kosten ermitteln, Gewinnspanne errechnen und Verkauf der Apfelprodukte
i Vorbereiten einer Gesprächsrunde zum Thema Umweltschutz und Apfeleinkauf (Mitschüler und Experten)
j Videogruppe – Streiflichter über Projektablauf

↓

Bearbeitung der Projektteilthemen in Gruppen

↕

Zwischenbesprechungen und Festlegung des weiteren Projektablaufs

↕

Vorstellen des Projekts

↓

Rückblick und Projektkritik

- Neue und bekannte Lernstrategien
- Soziale Erfahrungen

Randnotizen:

- AWT: 7a Aufgabe 1 und Werbung
- Ph/Ch/B: 7b Aufgabe 2; d und Finanzierung
- AWT: Ph/Ch/B; HsB 7a/b/c Aufgabe 5; a; c
- AWT: 7c Aufgabe 6; h und Verkauf
- Ku und AG Foto 7a: Diareihe Aufgabe 9; e und Werbung
- Ku und D 7b: Plakatreihe Aufgabe 9 und Werbung
- D; KtB; HsB, Religion 7a/b/c Aufgabe 10; b; h
- AG: Video 7a/b/c Aufgabe i
- Ph/Ch/B 7c Baumpflanzung
- HsB: 7a Aufgabe 3 Produktherstellung, Verpackung, Beschriftung, Preisgestaltung, Verkauf
- HsB: 7b Aufgabe 4; a; c
- HsB: 7c Aufgabe 6, 9
- HsB: 7a/b/c Aufgabe 8; g Produktion, Präsentation, Verkauf
- HsB: 7a/b/c Aufgabe 7; f

In der Randleiste siehst du, welche Fächer welche Aufgaben übernehmen können.

Projekt Arbeiten und Wirtschaften für einen Markt: „Rund um den Apfel"

Infothek zur Projektdurchführung

	Extra	Klasse I	Klasse II	Klasse III
Qualitätsmerkmale	auserlesene Ware Spitzenqualität keine Mängel vorgeschriebene Mindestgrößen in Form und Farbe fehlerlos und sortentypisch	hochwertige Ware gute Qualität leichteste Fehler zulässig vollkommen gesundes Fruchtfleisch Produkte dürfen etwas kleiner sein	gute Ware marktfähige Qualität kleine Fehler in Form und Farbe bei Obst festgelegte Fruchtgrößen, Handelswert darf nur unwesentlich gemindert sein	Haushalts-/ Industrieware Fehler in größerem Umfang zulässig unterschiedliche Produktgrößen
Verwendungsbereich	zum Rohessen, Gefrieren, Einlagern, zur Herstellung von Trockenobst und Obstkonserven, zur Konservierung von Früchten in Essig oder Alkohol		zur Weiterverarbeitung (Apfelmus, Marmelade, Konfitüre, Gelee, Kompott, Säfte, kandierte Früchte)	

Ist Apfelqualität messbar?

Genusswert
Aussehen
Geruch
Beschaffenheit
(hart, saftig, weich)
Geschmack

Gesundheitswert
Frische
Bekömmlichkeit
Nähr- und Wirkstoffgehalt
(Der Vitamingehalt beträgt z. B. je 100 g Apfel 25 – 65 mg Vitamin C)
Grad der Verarbeitung
Zusatzstoffe

Eignungswert
Verwendungszweck
Haltbarkeit
Zeitbedarf bei der Verarbeitung

Umweltverträglichkeit
Ökologischer Wert
Umwelt- und menschenfreundliche Herstellung:
Verpackung, Transportwege, Art des Anbaus …

Fragen für das Interview

- Worauf achten Sie beim Apfeleinkauf?
- Welche Apfelsorten bevorzugen Sie?
- Wozu verwenden Sie die eingekauften Apfelsorten?
- Äpfel aus dem Supermarkt oder vom Biobauern – wie ist Ihre Meinung?
- Verraten Sie uns ein gutes Rezept mit Äpfeln?
- Können Sie diese Apfelsorten mit Namen benennen?
- Kennen Sie typische Anbaugebiete für Äpfel oder haben Sie selbst einen Apfelbaum im Garten?
- Sehen Sie einen Zusammenhang zwischen Umweltschutz und Apfeleinkauf?

Vorschläge für fachbezogene und fächerübergreifende Projekte

- Internationales Kuchenfest im Rahmen einer Ausstellung
- Ballaststoffreiche Köstlichkeiten für eine Veranstaltung mit Eltern
- Ein grünes Büfett für den Umwelttag
- Fastfood
- Produktion und Verarbeitung in der eigenen Region

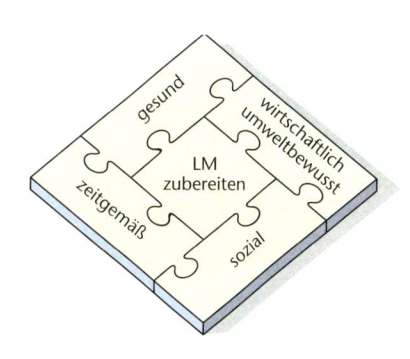

Aufgaben

1 Was sagen die Sprichwörter aus?

- Der Apfel fällt nicht weit vom Stamm.
- In den sauren Apfel beißen.
- Für einen Apfel und ein Ei
- Im schönsten Apfel sitzt der Wurm.

Puzzle: LM zubereiten – gesund, wirtschaftlich, umweltbewusst, sozial, zeitgemäß

125

6 Informationen suchen, finden und bewerten

Software-Angebote sichten und nützen

Beispiele für Interessierte
Im Handel gibt es ein vielfältiges Angebot von Software. Kritische Marktbeobachtung lohnt sich. Aktuelle Software bieten auch die Energiewerke, die Gesundheitskassen und die Ministerien für Umweltschutz und Ernährung.

Softwareangebote für den HsB-Bereich gibt es auf Diskette oder CD-ROM. Ein CD-ROM-Kochbuch zum Beispiel bietet dir viele Vorteile: Du kannst Informationen schnell und nach deinen ganz persönlichen Bedürfnissen abrufen.
Nach dem Starten der Software musst du das gewünschte Rezept auswählen (z. B. nach dem Abc, nach Zutaten, nach Kalorien/Joule oder nach der Arbeitszeit). Das ausgewählte Rezept erscheint auf dem Bildschirm in Tabellenform mit Zutaten, Arbeitsschritten und Bild. Wenn du im Rezept eine dir unbekannte Zutat liest, z. B. Curry, dann klickst du in der Menüleiste das Feld „Zutatenbeschreibung" an, gibst den Begriff „Curry" ein und bekommst dann die wichtigsten Informationen über diese Zutat.

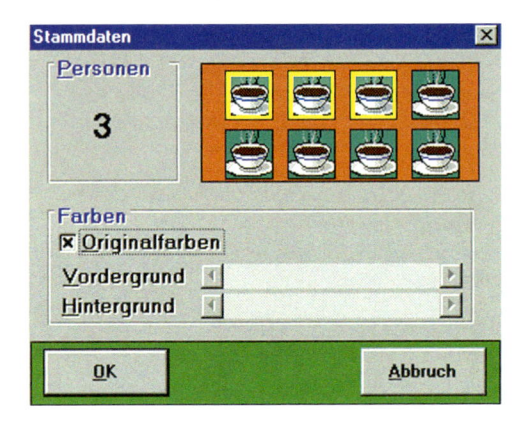

Eine Auswahl
Programme vom AID
- Edi-Kett – Lebensmittelkennzeichnung
- Vollwertig essen und trinken
- Kohlenhydrate in der Ernährung
- Fette in der Ernährung
- Mineralstoffe im Mangel
- Steckbrief Gemüse und Salate
- Steckbrief Küchenkräuter und Gewürze

PC-Spiele verschiedener Anbieter
- Das Geheimnis von Foody
- No Future (zum Thema Umwelt)

CD-ROMs verschiedener Anbieter
- Ernährungsberatung und -planung
- CD-ROM-Kochbuch
- Umwelt macht Schule – umweltbewusster Einsatz elektrischer Energie
- Umwelt-Check für den Haushalt
- Gemüse à la Saison
- Obst à la Saison

Abstimmung des Rezepts auf die Personenzahl im CD-ROM-Kochbuch

Du kannst auch Rezepte auf die Anzahl von Personen abstimmen. Für jedes Rezept lässt sich eine Einkaufsliste abrufen, für die gewünschte Personenzahl abwandeln und ausdrucken.
Mit einem Mausklick ist es möglich, die Rezepte nach Suppen, Hauptgerichten, Beilagen, Nachspeisen und Backwaren zu sortieren.

Selbstständig lernen mit interaktiven Programmen
Interaktive Lernprogramme, im HsB-Bereich eingesetzt, bieten Informationsmöglichkeiten zu Einkauf und Ernährung – alleine, zu zweit oder in der Gruppe. Das Lerntempo kann dabei von dir selbst bestimmt werden. Anhand von Fragen, Zuordnungsaufgaben, Bildern und Texten kannst du dir Neues aneignen, Bekanntes wiederholen und sogar mit Punktevergabe dein Wissen überprüfen. Lernprogramme können auch bei der Durchführung von Projekten hilfreich sein.
1. Station: Etikett wofür?
2. Station: Achte auf das Etikett!
3. Station: Zutatenverzeichnis
4. Station: Etikettenquiz
5. Station: Zutatenlexikon

Arbeiten mit dem Internet

Inzwischen nutzen Millionen von Menschen regelmäßig das Internet und täglich werden es mehr.

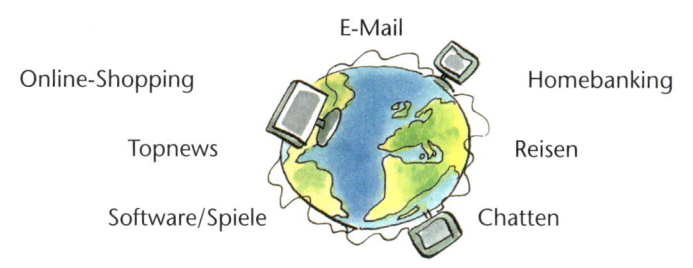

- E-Mail
- Online-Shopping
- Homebanking
- Topnews
- Reisen
- Software/Spiele
- Chatten

Im Internet kann man elektronische Post versenden, Bankgeschäfte abwickeln, im Chatroom kommunizieren, Waren virtuell bestellen und Software und Spiele herunterladen (Download). Informationen erhält man über eine Homepage von Firmen, Institutionen und Privatleuten oder über eine der vielen Suchmaschinen.

Richtige Schreibweise von Internetadressen
Jede Internetadresse hat einen ähnlichen Aufbau.

http://www.verbraucher.de

- Art der Datenübertragung (hyper text transfer protokoll)
- Name des Servers (world wide web)
- Name der Adresse (Domain)
- Kennung (Top-Level-Domain)

Bei Internetadressen wird alles kleingeschrieben und die Umlaute ä, ö, ü werden wie im Kreuzworträtsel zu ae, oe, ue. Die einzelnen Teile der Internetadresse sind jeweils ohne Zwischenraum mit einem Punkt oder einem Bindestrich voneinander getrennt.

Gezielt suchen im Internet
Die größte Informationsmenge wird bei bloßer Angabe der Begriffe angezeigt. Mit vorangestelltem Pluszeichen grenzt sich die Suche auf den folgenden Begriff ein, zusätzliche Begriffe werden vernachlässigt. Eine präzise Suche ergibt die Schreibweise in Anführungsstrichen. Die Suchmaschine recherchiert diesen Wortlaut.

> **!** Internet ist ein weltweites Netzwerk.
> www = world wide web

Typ- und/oder Landkennung (Top-Level-Domain)

de	Deutschland
com	Commercial (kommerziell)
at	Österreich
ch	Schweiz
edu	Education (Universitäten, Schulen)
org	Organisation (nichtkommerziell)
au	Australien
pl	Polen
be	Belgien
ru	Russland

> **!** Surfen im Internet ist teuer.

> **!** Gib Suchbegriffe präzise ein.

Erweiterte und begrenzte Suche
- Umweltschutz Haushalt
- +Umweltschutz Haushalt
- „Umweltschutz Haushalt"

Aufgaben
1 Erprobe die gezielte Suche im Internet mit „Mediterrane Küche".
2 Informiere dich im Internet oder durch eine CD-ROM über verwendetes Obst oder Gemüse.
m 3 Vergleiche die Informationsbeschaffung durch Buch und Internet hinsichtlich Informationsmenge, Übersichtlichkeit und Kostenaufwand. Stelle die Vor- und Nachteile auf einem Plakat gegenüber.

zeitgemäß / wirtschaftlich

Lernen lernen mit Medien

Medien, auch das Internet, bieten uns eine große Informationsfülle. Sie bilden nur dann, wenn die Inhalte erfasst, verstanden und kritisch bewertet werden. Die geistige Auseinandersetzung mit den Informationen muss jeder für sich leisten. Das gelingt nur, indem Informationen gründlich gelesen, das Wichtigste herausgefiltert, zusammengefasst und anschaulich präsentiert wird.

Aktuelle Informationen erfassen, verstehen und kritisch bewerten

Zu den Themenvorschlägen oder zu Aktuellem aus Presse, Rundfunk, Fernsehen oder Internet können Informationen beschafft und verarbeitet werden. Beziehe bei der Internetrecherche nicht nur Texte, sondern auch Bilder mit ein. Beweise anhand eines selbst gewählten Themas eine gründliche Recherche, Auswertung und Präsentation deiner Erkenntnisse. Stelle deine Ergebnisse in der Klasse und im Schulhaus vor.

Erkenntnisse als Lernplakat präsentieren

Ein übersichtliches und ansprechendes Plakat hilft nicht nur beim Referieren, sondern erleichtert auch dem Zuhörer und Betrachter das Verstehen. Ein Lernplakat zieht die Blicke auf sich, wenn Überschriften größer geschrieben, Merkpunkte farblich hervorgehoben, zwischen Bild und Text gewechselt wird und Pfeile oder Linien Zusammenhänge aufzeigen.

Anregungen für die Themenwahl

Andere Länder, andere Sitten
- Länder
  - Griechenland
  - Türkei
  - Spanien

Neues aus der Europäischen Union
- Kultur
- Nationalgericht
- Länder
- Sehenswürdigkeiten
- Verordnungen

Ehrenamtliche Tätigkeiten
- Feuerwehr
- Sportverein
- Kirche

Soziales Engagement
- Babysitter
- Nachbarschaftshilfe
- Rotes Kreuz

Gesunde Lebensweise
- Ernährung
- Sport

Umweltschutz/Ressourcenschonung
- lokal
  - Saisonware
  - Ware aus der Region
- global
  - Alternative Energie
  - Schonung der Lebensgrundlagen (Boden, Luft, Wasser)

Freunde
- Sportverein
- Schule
- Party

Familie
- Wochenendausflug
- Urlaub
- Picknick

Freizeit
- Sportarten
- Radeln
- Reiten
- Fußball

Lernen lernen meint selbstständige Auseinandersetzung mit neuen Inhalten, Anwenden bekannter Lernstrategien und kritischen Umgang mit Medien.

Planung von Lerneinheiten

Größere Themengebiete – auch Lerneinheiten genannt – fördern das Erkennen von Zusammenhängen, ermöglichen das vernetzte Denken und erleichtern das Verstehen neuer Sachverhalte.
Ideal ist, wenn Schüler/-innen und Lehrkraft Themengebiete gemeinsam planen und erschließen. Ausgangspunkt können vier bis sechs Lerneinheiten sein, die jeweils als Motto, Frage oder Aussage formuliert werden. Hier kann jede Klasse ihr individuelles Vorwissen, ihre Erfahrungen, ihre Ideen und Wünsche einbringen.
Durch diese aktive Mitplanung können gezielt Schwerpunkte bei der Auswahl und Aufbereitung der neuen Inhalte gesetzt und damit der Unterricht für alle Beteiligten noch interessanter und lehrreicher werden. Bei der Verknüpfung von Vorwissen mit dem neu Gelernten und der Einordnung in größere Zusammenhänge werden neue Erkenntnisse gewonnen. Dadurch bleibt das neue Wissen besser im Gedächtnis haften, ist leichter verfügbar und anwendbar.

Mögliche Themen für größere Lerneinheiten
- Wie können wir in der Schulküche gut zusammen arbeiten und leben?
- Gesund essen, trinken und leben hält Leib und Seele zusammen – stimmt das?
- Wie können wir (technische) Geräte in der Schulküche (im Haushalt) sinnvoll nützen?
- Wie können wir jüngeren Kindern oder Mitschülern Wissen weitergeben und Vorbild sein?
- Der Computer im Fach HsB – eine ergiebige Informationsquelle?

Lernen und Arbeiten mit dem Buch
Im Fach Hauswirtschaftlich-sozialer Bereich ist das Schulbuch vielfältig einsetzbar.
Einerseits verschafft der flexible und vor allem selbstständige Gebrauch des Buches Einblick in größere Themengebiete, andererseits ermöglicht er eine gründliche Auseinandersetzung mit einzelnen Themen. Erst in der gedanklichen Durchdringung neuer Inhalte zeigt sich die geistige Leistung des Einzelnen und die Fähigkeit zum selbstständigen Lernen, Üben und Anwenden von Wissen und Können. Und auch das will gelernt sein!

Das Buch eignet sich für
- vorbereitende Aufgaben,
- das Erlesen von Inhalten oder die Bearbeitung von Aufgaben im Unterricht,
- die Kontrolle des Wissens in Einzel- oder Gruppenarbeit,
- nachbereitende Aufgaben,
- die selbstständige Vorinformation über nachfolgende Themen.

Verwende zur Bearbeitung der gewählten Themenbereiche neben dem Buch noch weitere Informationsquellen (z. B. Zeitungen, Broschüren, Software, Internet).

Planung von Lerneinheiten

Beispiel für die Planung einer größeren Lerneinheit:
Gesund essen, trinken und leben hält Leib und Seele zusammen, stimmt das?

Vorwissen	Fragen/Wünsche	Passende Themen aus dem Buch	Passende praktische Aufgaben
Gesund leben ist mehr als essen und trinken (P/C/B, Sp, HsB)	Was versteht man unter gesunder Lebensweise?	Lebens- und Essgewohnheiten S. 48 Tagesprotokoll S. 51 Empfehlungen für gesunde Lebensweise S. 72, 73	Blitztomatensuppe S. 131 oder Müsli S. 136, oder Kartoffelsuppe S. 131
Lebensmittelgruppen aus dem Ernährungskreis Man soll nicht zu viel, nicht zu fett und nicht zu viel Fleisch essen und genügend trinken.	Wie viel soll man von den Lebensmitteln essen? Ist es egal, welches Fett man isst? Welche Getränke sind gesund? Zucker im Obst ist gesund und Zucker aus der Tüte ungesund, warum? Muss es Vollkorn sein?	DGE S. 50; Lebensmittelmenge aus dem Ernährungskreis S. 50; Olivenöl und Butter im Vergleich S. 62, 76; Vergleich Preis und Qualität S. 34; Wasser S. 64; Pflanzliche und tierische Eiweißlieferanten S. 60; Obst und Gemüse S. 54; Sekundäre Pflanzenstoffe S. 57, 75; Zucker S. 74; Getreide S. 52, 53	Frühstücksbüfett; Gemüsesuppe S. 63; Garverfahren Dünsten S. 92; Florida-Drink S. 64; Kartoffelgratin S. 60; Fischpfanne S. 133; Knusperriegel S. 25; Partysemmeln S. 52; Plakat erstellen S. 130 (M-Schüler)
Auf den Preis schauen. Markterkundung in AWT	Was ist beim Einkauf von Lebensmitteln wichtig?	Lebensmittelkennzeichnung S. 26; Lebensmittelrecht und Verbraucherschutz S. 26	Schlupfkuchen S. 29, 136; Muffins, S. 23; elektr. Handrührgerät S. 101; Obstsalat S. 33
Internetrecherche	Was raten Ernährungsberater, Ärzte, Gesundheitskassen?	Vielseitig essen ist vollwertig essen S. 50 (DGE, AID)	**Gruppenarbeit:** Rezepte (Internet) für die Schülerzeitung
Gemeinsam essen bereitet Freude	Wie deckt man einen (schönen) Tisch?	Tischkultur im Alltag, Speisen präsentieren, Esskultur als Lebensweise S. 114–120	Benimm ist in, S. 120

Aufgaben

1 Formuliere in der Gruppe ein übergeordnetes Motto.
2 Schreibe dann das Vorwissen und die Fragen/Wünsche dazu.
3 Suche aus dem Inhaltsverzeichnis des Buches die passenden Themen aus den verschiedenen Kapiteln heraus.
4 Stellt geeignete Praxisaufgaben aus dem Buch vor und einigt euch bei unterschiedlichen Vorschlägen demokratisch.
5 Sammle weitere Informationsquellen zu den Teilthemen der gewählten größeren Lerneinheit.
6 Überlege, welchen aktiven Beitrag jeder bei der Bearbeitung übernehmen kann.
7 Fasse die Ergebnisse der Planung als Plakat zusammen.

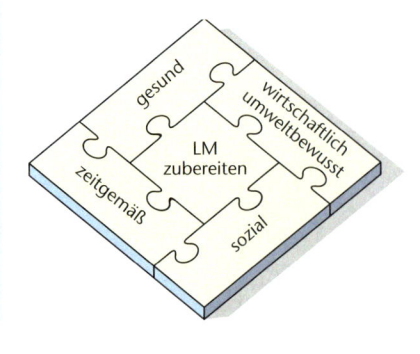

Rezepte

Suppen

Blitztomatensuppe

2 Zwiebeln
2 Essl. Butter
1/2 l Gemüsebrühe
Pfeffer, Worcestersoße
1 Packung passierte Tomaten
4 Essl. Crème fraîche
2 Essl. fein gehackte
Petersilie

Zwiebeln in kleine Würfel *schneiden*, in Butter *glasig dünsten*, Tomaten *einrühren*, mit Brühe *aufgießen*, mit Pfeffer und Worcestersoße *abschmecken*. Suppe in Portionsteller füllen, etwas Crème fraîche in die Mitte geben und mit Petersilie bestreuen.

Kartoffelsuppe

500 g Kartoffeln
1–2 gelbe Rüben
1/2 Stange Lauch (Porree)
1 l Brühe
Salz, Pfeffer, Majoran
evtl. Sauerrahm
1 Essl. Kräuter

Gemüse vorbereiten:
Kartoffeln *waschen, schälen*, nochmals *waschen, halbieren* und in 1/2 cm dicke Scheiben *schneiden*.
Gelbe Rüben *putzen, waschen*, schälen, nochmals waschen, in dünne Scheiben *schneiden*.
Lauch *putzen,* der Länge nach *halbieren, waschen,* in feine Streifen *schneiden*. Gemüse in die kochende Brühe geben, *würzen* und *weich kochen* (ca. 20 Minuten). Anschließend *pürieren,* nochmals erhitzen, mit Sauerrahm und Majoran *abschmecken*. Mit frischen Kräutern *servieren*.

- Gemüse mit längerer Garzeit müssen kleiner geschnitten werden als Gemüse mit kurzer Garzeit.
- Soll die Suppe nicht püriert werden, schneidet man die Zutaten möglichst gleichmäßig.
- Mit Wursteinlage wird die Kartoffelsuppe zum Hauptgericht.

Dinkelschrotsuppe mit Möhren

60–70 g grob geschroteter Dinkel
1 l Gemüsebrühe
Salz, Pfeffer, Muskat
2 Eigelb
2 Essl. Crème fraîche
Saft einer Zitrone
2 mittelgroße Möhren
1 Essl. gehackte Petersilie

Dinkelschrot in einem Topf kurz *anrösten*. Mit Gemüsebrühe auffüllen und ca. 5 Minuten *kochen lassen*. Eigelb mit Crème fraîche *verquirlen* und unter Rühren vorsichtig in die Suppe geben. Möhren *säubern,* grob *reiben,* einen Teil zurücklassen, den anderen Teil in die Suppe geben. Suppe würzen, eventuell mit etwas Zitronensaft nachschmecken und mit Petersilie und den restlichen Möhrenraspeln *garnieren*.

Tipp: Wenn die Suppe „dicker" sein soll, kann noch zum Schluss zusätzlicher Dinkel eingestreut werden.

Suppe mit Hackfleischbällchen

1 l Brühe
125 g Hackfleisch
1 Ei
2–4 Essl. Semmelbrösel
Salz, Pfeffer, Paprika, Majoran
1–2 Teel. Petersilie, gehackt

Brühe zum *Kochen* bringen. Hackfleisch mit Ei *mischen,* so viele Semmelbrösel zugeben, bis ein mittelfester Teig entsteht, mit Salz und Gewürzen pikant *abschmecken*. Teig *portionieren,* mit angefeuchteten Händen kleine Bällchen *formen*. Bällchen in kochende Brühe *einlegen* und 10–15 Minuten *ziehen lassen, abschmecken*. Mit gehackter Petersilie *servieren*. Probebällchen einlegen – wenn es zerfällt, noch Semmelbrösel zum Teig geben.

- Hackfleischbällchen eignen sich als Einlage zu Nudelsuppe, Kartoffelsuppe, Reissuppe und Gemüsesuppe.

Hauptgerichte

Bunter Kartoffelsalat

1 kg Kartoffeln
1 Zwiebel
Essig-Öl-Marinade und
$1/8$ l heiße Brühe
zum Verbessern:
1–2 Essiggurken
1 Apfel oder gegartes Gemüse
oder rohes Gemüse, z. B. rote
Paprika, Salatgurke
1 Ei

Pellkartoffeln herstellen, Schale abziehen, Kartoffeln in feine Scheiben schneiden, Zwiebel fein würfeln, marinieren, durchziehen lassen, Öl oder Majonäse zugeben, abschmecken. Essiggurken, Gemüse oder vorbereiteten Apfel in Würfel oder Streifen schneiden, mit der Marinade zugeben; mit Eischeiben verzieren.

Putengeschnetzeltes
mit Vollkornnudeln

400 g Putenschnitzel
4 mittelgroße Zwiebeln
4 Pfirsichhälften
2 Essl. Öl
4 Essl. Sojasoße
Salz, Pfeffer, Sojasoße
80 g Vollkornnudeln

Vollkornnudeln *garen* und *abschrecken*. Schnitzelfleisch *waschen, trocknen* und in Streifen *schneiden*. Die Zwiebeln in Halbringe schneiden, die Pfirsiche in Spalten schneiden. Fleisch kurz in heißem Öl anbraten, Zwiebeln kurz mitbraten, Sojasoße zugeben, Pfirsiche zugeben und alles 5 Minuten *dünsten, abschmecken*.

Die Vollkornnudeln unter das Geschnetzelte mischen und kurz erwärmen.

Mexikanischer Reistopf

5 Tassen Wasser
1 Teel. Paprika
1 Prise Salz
1 Tasse Reis
600 g Gemüse, wie Blumenkohl, Möhren, Tomaten, Bohnen, Zucchini, Paprikaschoten
1 Essl. gemischte Kräuter

Wasser mit Gewürzen zum Kochen bringen, Reis zufügen und bei geringer Hitze 10 Minuten *quellen lassen*. Das Gemüse *waschen, putzen, schneiden*, zum Reis zugeben, unterheben und 15 Minuten *dünsten*. Kräuter fein hacken und vor dem Servieren aufstreuen.

Pichelsteiner
im Dampfdrucktopf

250 g Rind- oder Schweinefleisch oder gemischtes Rind- und Schweinefleisch
30 g Öl
1 große Zwiebel, Pfeffer, Paprika, etwas Tomatenmark
$3/4$ kg Gemüse
(z. B. 1 Sellerie, 1 Petersilienwurzel, 3 Gelbe Rüben,
1 Stange Lauch oder sonstiges Gemüse nach Saison)
2 große Kartoffeln
$1/2$ l Brühe
frische Kräuter und frische Lauchstreifen

Fleisch in kleine Würfel *schneiden* und in Öl *anschmoren*, Zwiebel zugeben, *würzen*, etwas aufgießen, vorbereitetes Gemüse (*putzen, waschen*, je nach Garzeit in unterschiedlich große Würfel und Streifen *schneiden* – Kartoffeln 2 cm, Gelbe Rüben 1 cm) einschichten, erst Gelbe Rüben, Sellerie, Petersilienwurzel, Lauch und obenauf die Kartoffeln, übrige Brühe aufgießen, Topf schließen, ca. 15 Min. *druckgaren*. Frische Kräuter und Lauchstreifen über das Gericht geben.
Tipp: Durch Zugabe von mehr Flüssigkeit wird das Gericht zum Suppentopf.

Vegetarischer Linseneintopf
im Dampfdrucktopf

300 g Linsen
2 gelbe Rüben
1 Stück Sellerieknolle
1 Petersilienwurzel
1 große Zwiebel
1 Knoblauchzehe
ein paar Nelken
3 Teel. Instantgemüsebrühe
300 g Weißkohl
Salz, Pfeffer, Paprika
4 Scheiben Ananas
etwas Weinessig
$1/2$ Becher Crème fraîche

Linsen über Nacht in 1 $1/4$ l Wasser *einweichen*, gelbe Rüben, Sellerie und Petersilienwurzel *putzen, waschen, würfeln*, Zwiebel und Knoblauchzehe abziehen, Zwiebel mit Nelken spicken, Knoblauch in Scheiben schneiden. Weißkraut putzen, schneiden. Alles zu den eingeweichten Linsen

geben, Gewürze und Instantbrühe zufügen und den Eintopf 15 Minuten *druckgaren.*
Fertigstellung: Nach dem Öffnen Zwiebel mit Nelken entfernen, Ananas und Weinessig zufügen und zur Garnitur auf jede Portion etwas Crème fraîche setzen.

Fischpfanne „international"

250 g frisches Seefischfilet
Saft von einer Zitrone
2 Essl. Öl
Kräuter
Gewürze, aber ohne Salz
ca. 500 g Gemüse
2 Essl. Öl
Variationen:
Lauch, Rosinen, Curry (indisch)
Zucchini, Sprossen,
Chinagewürz (chinesisch)
Mais, Kidneybohnen,
Chilipfeffer (mexikanisch)
rote Paprikaschoten, gegarter
Reis, Bambussprossen (japanisch)
Tomaten, Zucchini,
gegarte bunte Nudeln,
Oregano (italienisch)
zum Anrichten:
frische Kräuter und frische Sprossen

Fischfilet *säubern* und *säuern* und in mundgerechte Stücke zerteilen. Fischfilet in Kräuter-Öl-Gewürzmischung ca. 10–30 Minuten einlegen. Gemüse in Öl andünsten, nach der Hälfte der Garzeit Fisch *einschichten*, mit Gemüse bedecken, weiterdünsten und am Ende der Garzeit vorsichtig die Fischpfanne auf einer Platte mit frischen Kräutern und Sprossen *anrichten.*
Abwandlung zum Fischspieß:
Fischstücke (2 cm große, stabile Würfel) abwechselnd mit Paprikaschote und Lauchrollen auf Schaschlikspieße stecken. Mit Baguette servieren.

Überbackene Kohlrabi mit Käsesoße

3–4 Kohlrabi
250 g Kartoffeln
½ l Wasser, Salz
2 Essl. Öl
2 Essl. Mehl
¼ l Gemüsewasser
1 Ecke Schmelzkäse
100 ml Sahne
1 Bund Dill
Salz, Pfeffer
2 Essl. Zitronensaft
50 g Mandelblättchen

Kohlrabi und Kartoffeln *schälen*, in Scheiben schneiden, 8 Minuten *kochen, abtropfen lassen* und dabei das Gemüsewasser auffangen. Für die helle Grundsoße Öl *erhitzen*, Mehl zugeben und *goldgelb anschwitzen.* Abgekühltes Gemüsewasser langsam zugeben, Soße *glatt rühren* und einmal *aufkochen* lassen. Dill *waschen*, fein *hacken* und zur Soße geben. Soße mit Salz, Pfeffer und Zitronensaft abschmecken. Kartoffel- und Kohlrabischeiben in eine gefettete Auflaufform *schichten* und mit Soße übergießen. Den Auflauf mit Mandelblättchen bestreuen und bei 225 °C etwa 10–15 Minuten überbacken.

Abwandlung: Gemüse der Saison, z. B. Blumenkohl, Karotten, Lauch, Brokkoli, verwenden.

Salate, Dips und Dressings

Gurkensalat

1 große Gurke
Rahm- oder Jogurtsalatsoße
Salatkräuter: Borretsch, Dill, Schnittlauch, Petersilie, Kümmelpulver

Gurke *waschen*, von der Blüte zum Stiel *schälen*, evtl. bittere Teile abschneiden, *hobeln*, mit Salatsoße *mischen*, nach Belieben etwas Kümmelpulver zugeben, sofort *servieren.*

- Gurkensalat ohne Öl zubereiten – leichter verdaulich.
- Gurkensalat kann mit Rettich- oder Kartoffelsalat *gemischt* werden.

Grüne Blattsalate

1 Staude Salat (Kopfsalat, Endivien, Chinakohl)

Salat sorgfältig *putzen*, gründlich *waschen*, abtropfen lassen, große Salatblätter *teilen.* Endivien- und Chinakohlsalat in Streifen *schneiden.* Blattsalate unmittelbar vor dem Servieren mit der Salatsoße vorsichtig *mischen* und *abschmecken.*

Rezepte

Gelbe-Rüben-Rohkost

300 g Gelbe Rüben
200 g Äpfel
2 Essl. geriebene Haselnüsse
2 Essl. Zitronensaft
4 Essl. süße Sahne
1 Prise Salz
Zucker nach Geschmack

Marinade aus Zitronensaft, Sahne, Salz und Zucker herstellen. Gelbe Rüben *putzen, waschen, schälen,* nochmals kurz waschen und fein *reiben.* Äpfel *waschen, schälen* und grob *raspeln.* Nüsse zugeben, alles *vermengen* und *abschmecken.*

■ Um Braunfärbung der Äpfel und Gelben Rüben zu verhindern, beide Zutaten sofort in die Marinade *reiben.*
■ Gelbe-Rüben-Rohkost eignet sich als Vorspeise und als Beilage zu Fleisch- und Fischgerichten.

Reissalat

1 Tasse Reis
reichlich Salzwasser
100 g Schinken
1 Apfel
1/2 rote Paprikaschote
1/2 Tasse Mais
3 Essl. gehackte Kräuter
Salatmarinade nach Wahl

Reis ins kochende Salzwasser geben und 20 Minuten *garen;* dann Wasser *abgießen* und Reis *kalt abschrecken.* Schinken, Apfel, Paprikaschote *würfeln,* Mais und gehackte Kräuter zugeben und dann alles mit der zubereiteten Salatmarinade *vermengen* und *abschmecken.* Salat 15 Minuten durchziehen lassen.

Paprikasalat

2–3 Paprikaschoten (rot, gelb, grün gemischt oder Tomatenpaprika)
Salatsoße:
Essig-Öl-Marinade

Paprikaschoten *waschen, halbieren,* Kerne, Rippen und Stielansatz entfernen, in feine Streifen *schneiden,* mit Salatsoße *mischen,* 15 Minuten durchziehen lassen.

Salatsoße
Essig-Öl-Marinade

2–3 Essl. Essig oder Zitronensaft
2 Essl. Wasser
1 Essl. Öl
Salz
1/2 Teel. Zucker
1/4 Zwiebel, gewürfelt
Salatkräuter: Dill, Zitronenmelisse, Petersilie, Borretsch, Schnittlauch, Zwiebelröhrchen

Alle Zutaten gut *mischen,* Kräuter und Zwiebel in der Salatsoße kurz durchziehen lassen oder vor dem Marinieren zum Salat geben.

Jogurtsalatsoße

Siehe Essig-Öl-Marinade aber: statt Öl 1/2 Becher Jogurt

Alle Zutaten *mischen.*

Rahmsalatsoße

Siehe Essig-Öl-Marinade aber: statt Öl 4–6 Essl. Rahm (süß oder sauer)

Alle Zutaten *mischen.*

Grundmarinade für Salate aus gekochtem Gemüse

1/8–1/4 l heiße Brühe
4–6 Essl. Essig
etwas Salz
1 Prise Zucker
2–3 Essl. Öl oder ausgelassener Speck

Heiße Marinade über die noch heißen Kartoffeln geben, leicht durchmischen und durchziehen lassen.

Für die gemischte Salatplatte gilt:

Salate einzeln marinieren und erst kurz vor dem Servieren anrichten. Alle grünen Blattsalate erst unmittelbar vor dem Servieren marinieren.
Appetitlich in guter Farbzusammenstellung und in großen Fel-

dern anrichten, dabei möglichst wenig Salatsoße auf die Platte geben.
Platte nicht überladen.
Salatsoße im Schälchen als „Dip" in die Mitte stellen.

Gurkensoße

½ Salatgurke
Saft von ½ Zitrone
etwas Salz
½ Teel. Apfeldicksaft
(konzentrierter Apfelsaft)
etwas Senf
1 Schalotte
1 Bund Dill
2 Essl. Traubenkernöl

Gurke *schälen* und fein *hobeln.* Mit Zitronensaft, Salz, Apfeldicksaft, Senf, klein geschnittener Schalotte, klein geschnittenem Dill und Öl *vermischen.* Mit Folie abdecken und etwas *durchziehen lassen.* Passt zu Eisbergsalat und über Melonen.

Quarkdip

Beilage zu Salaten oder Pellkartoffeln

500 g Quark (20 % Fett)
4 – 8 Essl. Sahne
etwas Salz
½ sehr reife Avocado
etwas Zitronensaft
1 Teel. Sesam
50 g Roquefort
2 Essl. gehackte Kräuter
1 zerdrückte Knoblauchzehe
1 Essl. Haselnussmus
grob geschroteter Pfeffer
1 Teel. gehackte Haselnüsse

Den Quark mit Sahne und Salz anrühren und in vier Portionen teilen. Die erste Portion mit zerdrückter Avocado, Zitronensaft und leicht angeröstetem Sesam *vermischen.* Die zweite Portion mit Roquefort (in Alufolie leicht erwärmt) zerdrücken. Die dritte Portion mit gehackten Kräutern und zerdrücktem Knoblauch vermischen. Die vierte Portion mit Nussmus und gehackten Nüssen vermischen. Mit Pfeffer *würzen.* Dazu passen Möhren, Paprika- und Gurkenstifte.

Tomatensoße

2 Essl. Tomatenmark
2 Essl. Olivenöl
1 Glas Tomatensaft
1 Prise Zucker
etwas Salz, Pfeffer
1 Knoblauchzehe
Kräuter der Provence

Tomatenmark mit Olivenöl, Saft und den Gewürzen *verrühren.* Knoblauchzehe *auspressen* und zugeben. Passt zu italienischen Salaten.

Kräutersoße

2 Bund oder Packungen
gemischte Kräuter
(Schnittlauch, Petersilie,
Kresse, Kerbel, Pimpinelle,
Borretsch, Dill)
4 Essl. kalt gepresstes
Sonnenblumenöl
2 Essl. Obstessig
½ Teel. Hefeextrakt
½ Teel. Senf
1 Knoblauchzehe nach Wahl

Kräuter *waschen,* vorbereiten, fein *hacken* und *schneiden,* danach mit Öl, Essig, Hefeextrakt und Senf vermengen. Evtl. mit Knoblauch *abschmecken.* Passt zu Gemüse, Kartoffeln und Nudelsalaten.

Nachspeisen und Backwaren

Apfelsalat

4 Essl. Orangensaft
4 Essl. Zitronensaft
2 Teel. Honig
1 Prise Muskatblüte
500 g Äpfel
50 g Haselnüsse

Säfte mit Honig und Muskat *verrühren.* Äpfel *waschen, schälen, vierteln,* Kernhaus entfernen, Viertel in feine Scheiben *schneiden,* sofort mit der Soße *vermischen.* Haselnüsse *hacken,* über den Salat *streuen.*

- Saft aus frischen Zitrusfrüchten schmeckt besser und ist vitaminreich.
- Anstelle von Haselnüssen können auch Walnüsse oder Mandeln verwendet werden.

Apfelmus

¾ kg Äpfel, auch Fallobst
¼ – ½ l Wasser
100 – 150 g Zucker
nach Belieben
Zitronenschale oder
Zimtrinde

Äpfel *vierteln* und vom Kernhaus befreien – nicht schälen, knapp mit Wasser bedeckt zusetzen und mit Zitronenschale oder Zimtrinde und Zucker so lange *kochen,* bis die Früchte weich und musig werden (Zudecken beschleunigt das Zerkochen der Früchte), die zerkochten Früchte durch ein Sieb streichen, dann zuckern.

Rezepte

Müsli (für eine Person)

2 Essl. Haferflocken
3 Essl. Wasser oder Milch
1 großer Apfel oder
1 Banane oder
150 g frische Beeren
Saft von 1/2 Zitrone
1 Essl. geriebene Nüsse
1 Essl. Rahm, Milch oder Jogurt
nach Geschmack Zucker oder Honig

Haferflocken mit Wasser oder Milch einweichen, Obst *waschen* und *zerkleinern* (Beeren unzerkleinert zugeben). Alle Zutaten *mischen, abschmecken* und sofort zu Tisch geben.

- Müsli wird durch längeres Stehen unansehnlich.

Päckchenpudding mit süßer Milchsoße

Pudding zubereiten wie auf der Packung angegeben.

Süße Milchsoße

1–2 Eier
20–40 g Zucker
1 Essl. Stärke
1/2 l Milch
für Vanillesoße:
1/4 Stange Vanilleschote oder ein Päckchen Vanillinzucker
für Schokoladensoße:
40 g Schokolade oder
1 Essl. Kakao

Aus Eigelb und Zucker im Kochtopf *Schaummasse herstellen,* Stärke und Geschmackszutaten zugeben, kalte Milch *dazurühren,* auf Kochstelle *abschlagen,* bis die Masse einmal pufft, noch heiß zum *steif geschlagenen* Eischnee geben und gut *unterrühren, abschmecken,* heiß oder kalt servieren.

- Schokoladensoßen können ohne Ei hergestellt werden – Stärkemenge etwas erhöhen.

Waffeln

2 Eier
150 g Crème fraîche
150 ml Milch
4 Essl. Zucker
1 P. Vanillezucker
1 Prise Salz
250 g Mehl
etwas Öl
1–2 Essl. Puderzucker

Eier *trennen* und das Eiweiß zu Schnee *schlagen.* Creme fraîche, Milch, Zucker, Vanillezucker und Salz mit dem Eigelb *schaumig rühren.* Das Mehl und den Eischnee mit dem Schneebesen unter die Masse *heben.*

Abwandlung zu Apfelwaffeln: Grob geraspelte Äpfel zum Teig geben.
Abwandlung zu Lebkuchenwaffeln: Ein Päckchen Lebkuchengewürz zum Teig geben.

Apfelschlupfkuchen

4 säuerliche Äpfel
1/2 Zitrone
250 g Mehl
2 Teel. Backpulver
125 g Zucker
1 P. Vanillinzucker
125 g Butter od. Margarine
1 Prise Salz
3 Eier
2–4 Essl. Milch
Fett für Springform
evtl. Puderzucker

Springform *fetten* und leicht *bemehlen.* Äpfel *waschen, schälen, vierteln,* Kernhaus entfernen. Apfelviertel auf der Oberseite mit dem Messer *einschneiden,* mit Zitronensaft beträufeln und abdecken. Mehl und Backpulver *mischen* und in eine Schüssel *sieben.* Erst Zucker, Vanillinzucker und eine Prise Salz, dann Fett, Eier und die Hälfte der Milch zugeben. Die Zutaten mit dem elektrischen Rührgerät zuerst auf Stufe 1, dann auf Stufe 3 kurz *durchrühren.* Sollte der Teig zu fest sein, restliche Milch zugeben. Der Teig soll schwer reißend von den Rührbesen fallen.
Teig in vorbereitete Springform *füllen, glatt streichen* und gleichmäßig mit den Äpfeln *belegen.* Bei ca. 175 °C etwa 35 bis 45 Minuten *backen.*
Kuchen kurz auskühlen lassen, vom Rand *lösen* und auf Kuchengitter geben.
Evtl. mit Puderzucker *bestäuben.*

Schokopudding aus der Mikrowelle

1 Teel. Butter
2 Essl. Semmelbrösel
5 Eiklar
80 g Butter
80 g Zucker
5 Eigelb
100 g gemahlene Mandeln
etwas Zitronensaft
60 g Semmelbrösel
100 g Raspelschokolade
1 Essl. Kakao

Mit Butter und Semmelbröseln eine mikrowellengeeignete Form vorbereiten. Eiklar zu Eischnee *schlagen* und kühl stellen. Aus Butter, Zucker und Eigelb eine *Schaummasse herstellen*, dazu Mandeln, Zitronensaft, Semmelbrösel, Raspelschokolade und Kakao geben. Den Eischnee *unterheben* und den Teig in die Form füllen. In der Mikrowelle 7 Minuten bei 700 Watt und 10 Minuten Stehzeit *garen*. Den Pudding stürzen, mit Vanillesoße, flüssiger oder geschlagener Sahne und/oder Vanilleeis servieren.

Makronen

2 Eiweiß
1 Prise Salz
100 g Puderzucker
1/2 Zitrone
100 g geriebene Nüsse
oder Mandeln
oder Kokosraspel
oder Trockenfrüchte,
z. B. Datteln oder Feigen
20 Nüsse
20 kleine Oblaten
Menge ergibt etwa
20 Makronen
(1 Backblech)

Eier *trennen*, Eiweiß mit Salz zu steifem Schnee *schlagen*, Zitronensaft, dann Zucker nach und nach zugeben und die Masse so lange *schlagen*, bis sie schnittfest und glänzend ist (Baisermasse). Geriebene Nüsse, Mandeln, Kokosraspeln oder klein geschnittene Trockenfrüchte vorsichtig *unterheben*. Mit 2 Teelöffeln kleine Häufchen auf Oblaten setzen, mit einer Nuss *garnieren*, bei 150 °C ca. 20 Minuten mehr trocknen als *backen*. Nach dem Abkühlen überstehende Oblaten abbrechen.

- Durch Zugabe von 1 Esslöffel Magerquark bleiben die Makronen weich.
- Oblaten können geteilt werden – raue Seite nach oben, damit der Teig besser haftet.
- Verwendung als Baiser: Auf Obstsalat spritzen und kurz im vorgeheizten Backrohr bei 200 °C lichtgelb überbacken.

Getränke

Sport-Drink

Saft von 2 Orangen
1 Banane
4 Essl. Sanddornsaft
300 g Buttermilch
1 Teel. Honig

Banane zerdrücken, mit Orangensaft und den übrigen Zutaten im Mixer *mischen*.

Frucht- oder Gemüseschorle

100 ml Fruchtsaft oder
100 ml Gemüsesaft
300 ml Mineralwasser
evtl. Zitronenscheiben von unbehandelten Früchten

Alle Zutaten *mischen* und mit Zitrone *garnieren*.

Fit-Getränk

1/2 Banane
200 ml Karottensaft
1 Essl. Haferflocken
2 Essl. Zitronensaft
1 Essl. Dickmilch

Alle Zutaten im Mixer *mischen*.

Milchmixgetränk

250–300 g Früchte
1/8 l Fruchtmark
3/4 l Milch oder Jogurt
Zucker und Zitronensaft
nach Geschmack

Früchte *waschen*, evtl. *schälen*, alle Zutaten mit elektrischem Mixer *mischen*, *abschmecken* und sofort *servieren*.

Alkoholfreie Bowle

4–6 reife Pfirsiche oder
500 g Erdbeeren oder
1 Dose Ananas
1–2 Flaschen Apfelsüßmost
Saft von 2 Zitronen
1 Flasche Mineralwasser
Zucker nach Geschmack

Rohe Früchte *waschen*, Pfirsiche *schälen*, Früchte in Stückchen oder Scheiben *schneiden*, zuckern, mit etwas Apfelsüßmost begießen, einige Stunden *kalt stellen*, dann den übrigen gekühlten Süßmost, Zitronensaft und Mineralwasser zugeben, *abschmecken*.

Nährwerttabelle

Der verzehrbare Teil von 100 g eingekaufter Ware enthält:

Lebensmittel 100 g essbarer Anteil	Eiweiß g	Fett g	Kohlen- hydrate g	Ballast- stoffe g	Energie kJ	Energie kcal	Mineralstoffe		Vitamine			
							Eisen mg	Calcium mg	A µg	B_1 mg	B_2 mg	C mg
Rindfleisch												
Rinderfilet	19	4	+	0	490	116	2,1	3	–	0,1	0,1	1
Keule (Schlegel)	21	7	+	0	630	150	2,6	1,3	10	0,1	0,2	1
Hackfleisch	23	13	+	0	880	209	2,2	12	0	+	0,2	1
Schweinefleisch												
Schweinelende	19	10	+	0	710	169	–	2	–	–	–	0
Schweineschnitzel	21	8	+	0	680	161	2,3	2	–	0,7	0,2	0
Schweinebauch	12	42	+	0	1840	438	–	1	–	0,4	0,1	0
Geflügel												
Brathuhn	15	4	0	0	448	106	1,8	12	10	0,1	0,2	3
Truthahn	15	11	+	0	703	167	4,2	27	+	0,1	0,1	0
Fleisch- und Wurstwaren												
Geflügelwurst	16	5	0	0	460	109	–	–	–	–	–	–
Gelbwurst	12	33	+	–	1500	357	–	–	–	–	0,1	–
Leberwurst	12	41	0	0	1840	438	5,3	41	1460	–	0,9	0
Mettwurst	12	52	0	0	2225	529	1,6	13	0	+	–	–
Salami	18	50	0	0	2180	519	2,4	13	–	0,1	0,1	0
Fleischkäse (Leberkäse)	13	23	0	0	1120	266	–	4	–	+	0,2	0
Wiener Würstchen	15	21	0	0	1080	257	2,4	18	–	0,1	0,1	0
Schinken, gekocht	19	20	0	0	1150	273	2,4	10	+	0,5	0,3	0
Fische												
Kabeljau (Dorsch)	17	+	0	0	300	71	0,5	11	+	+	+	2
Rotbarsch (Goldbarsch)	18	4	0	0	470	111	0,7	22	12	0,1	0,1	+
Forelle	20	3	0	0	450	107	1,0	18	45	+	+	+
Bismarckhering	17	16	0	0	920	219	–	38	36	+	0,2	0
Thunfisch in Öl	24	21	0	0	1230	292	1,2	7	370	+	+	0
Obst												
Ananas, roh	+	+	14	1,0	240	57	0,4	16	10	0,1	+	20
Apfel	+	+	14	2,0	245	58	0,4	7	9	+	+	11
Apfelsine	1	+	11	1,6	210	50	0,4	30	15	0,1	+	50
Aprikose, roh	1	+	13	1,5	240	57	0,6	15	298	+	+	10
Banane	1	+	23	1,8	415	98	0,4	7	38	+	+	8
Birne	+	+	13	3,3	230	54	0,3	16	6	+	+	5
Erdbeere, roh	1	+	7	1,6	140	33	0,9	25	13	+	+	62
Himbeere	1	+	8	4,7	160	38	1,0	40	7	+	0,1	25
Johannisbeere, schwarz	1	+	12	6,8	225	53	1,2	53	23	0,1	0,1	180
Kirsche, süß	1	+	16	1,3	290	69	0,4	14	13	0,1	0,1	15
Pfirsich	1	+	10	1,9	180	42	1,2	5	73	+	+	10
Pampelmuse/Grapefruit	1	+	10	1,6	180	42	0,3	20	3	+	+	41
Pflaume	1	+	16	1,6	285	67	0,5	16	35	0,1	+	5
Weintraube	1	+	16	1,5	300	71	0,5	21	5	+	+	4
Gemüse												
Blumenkohl	2	+	4	2,9	105	25	0,6	20	21	0,1	0,1	70
Bohnen, grün	2	+	6	1,9	140	33	0,8	56	60	0,1	0,1	19
Chinakohl	1	+	2	1,9	67	15	0,6	40	13	+	+	36
Endivien	2	+	2	1,2	70	16	1,6	54	333	0,1	0,1	10
Erbsen, grün	5	+	10	4,3	260	61	1,8	23	53	0,3	0,1	9
Gurke	+	+	2	0,5	35	8	0,4	11	28	+	+	1
Kohlrabi	2	+	5	1,4	120	28	0,9	75	2	0,1	+	66
Kopfsalat	1	+	2	1,4	60	14	0,7	23	150	0,1	0,1	10
Möhren, Karotten	1	+	6	3,6	120	28	0,6	29	1120	0,1	+	7
Paprikaschoten	1	+	4	3,6	90	21	0,6	9	230	0,1	0,1	107
Porree/Lauch	2	+	6	2,3	140	33	1,0	87	333	0,1	0,1	30
Rosenkohl	4	+	6	4,4	180	42	0,9	24	65	0,1	0,2	84
Rotkohl/Blaukraut	2	+	5	2,5	120	28	0,5	35	5	0,1	+	50
Spinat, roh	2	+	2	2,6	75	17	5,2	83	816	0,1	0,2	51

Nährwerttabelle

Lebensmittel 100 g essbarer Anteil	Eiweiß g	Fett g	Kohlen- hydrate g	Ballast- stoffe g	Energie kJ	Energie kcal	Mineralstoffe Eisen mg	Mineralstoffe Calcium mg	Vitamine A µg	Vitamine B₁ mg	Vitamine B₂ mg	Vitamine C mg
Tomate	1	+	3	1,0	70	16	0,5	14	133	0,1	+	24
Weißkohl/Weißkraut	1	+	4	3,0	105	25	0,5	46	10	+	+	46
Zwiebeln	1	+	9	1,8	176	41	0,5	29	33	+	+	8
Hülsenfrüchte												
Bohnen, weiß	21	2	57	23,2	1400	333	6,0	105	65	0,5	0,2	3
Erbsen, geschält	22	1	59	16,6	1450	345	5,0	44	20	0,7	0,2	1
Linsen	24	1	56	17,0	1420	338	6,9	74	20	0,5	0,3	+
Kräuter												
Kresse	2	+	3	3,5	90	21	0,7	26	216	+	+	10
Petersilie	3	+	6	4,3	150	35	4,8	147	730	0,1	0,2	166
Schnittlauch	4	+	8	6,0	220	52	13,0	167	50	0,1	0,2	47
Pilze												
Champignons, frisch	3	+	3	2,0	105	25	1,1	10	+	0,1	0,5	4
Champignons, Dose	2	+	3	–	100	23	0,7	9	+	+	0,4	2
Kartoffeln,-erzeugnisse												
Kartoffeln, roh, ohne Schale	2	+	19	–	350	83	1,0	13	3	0,08	+	15
Kartoffelpüree, trocken	8	1	79	6,1	1530	364	2,2	30	+	0,25	0,15	26
Nüsse												
Erdnüsse, geröstet	26	49	18	11,4	2660	633	2,3	65	110	0,3	0,1	0
Haselnüsse	14	61	14	8,2	2855	679	3,8	226	4	0,4	0,2	3
Getreideerzeugnisse												
Weizenmehl, Type 1600	12	2	69	1,4	1449	345	3,3	38	60	0,45	0,17	0
Weizenmehl, Type 405	11	1	74	4,0	1460	347	0,7	15	+	0,06	0,03	0
Roggenmehl, Type 1800	11	2	70	13,9	1415	336	4,0	23	45	0,30	0,14	0
Reis, ganzes Korn, unpoliert	7	2	75	2,2	1470	350	2,6	23	0	0,41	0,09	0
Reis, ganzes Korn, poliert	7	1	79	1,4	1480	352	0,6	6	0	0,06	0,03	0
Haferflocken	14	7	66	10,0	1680	400	4,6	54	0	0,59	0,15	0
Eierteigwaren, Nudeln	13	3	72	3,4	1580	376	2,1	20	60	0,20	0,10	–
Cornflakes	8	1	83	4,0	1600	380	2,0	13	0	–	0,05	0
Milch/Milchprodukte												
Vollmilch, 3,5 % Fett	3,5	3,5	5	0	275	65	0,1	118	22	+	0,2	2
Milch, entrahmt	4	+	5	0	145	34	0,1	125	+	+	0,2	2
Buttermilch	4	+	4	0	145	34	0,1	109	8	+	0,2	+
Jogurt, Vollmilch	5	4	5	0	310	73	0,2	150	28	+	0,3	2
Jogurt, aus entrahmter Milch	5	+	5	0	165	39	–	–	–	–	–	–
Schlagsahne	2	30	3	0	1260	300	+	75	240	+	0,2	1
Speisequark (40% i. Tr.)	12	11	4	0	695	165	0,3	70	110	+	0,2	–
Speisequark, mager (10% i. Tr.)	17	1	2	0	370	88	0,5	70	13	+	0,3	1
Doppelrahmfrischkäse	15	28	2	0	1480	352	–	34	320	+	0,3	0
Emmentalerkäse	18	26	2	0	1370	326	0,5	382	480	+	0,4	+
Hühnerei												
Hühnerei (Gesamtinhalt)	13	11	1	0	670	159	1,8	50	265	0,1	0,3	+
Hühnereidotter	16	32	+	0	1580	376	7,2	140	1490	0,3	0,4	+
Hühnerklar	11	+	1	0	230	54	0,2	11	+	+	0,3	+
Getränke												
Apfelsaft	+	0	12	–	190	45	0,3	7	15	0,1	+	1
Apfelsinensaft, ungesüßt	1	0	11	0,4	200	47	0,3	15	12	0,1	+	42
Cola-Getränk	0	0	11	–	185	44	–	4	0	0	0	0
Karottensaft	+	+	6	–	110	26	–	27	–	–	–	4
Tomatensaft	2	+	4	0,1	100	23	0,8	12	117	+	+	15
Zucker, Zuckerwaren												
Honig	+	0	80	0	1380	328	1,3	5	0	+	+	2
Marmelade i. D.	+	0	66	–	1135	270	+	10	0	+	+	8
Schokolade, Vollmilch	9	32	55	0,0	2340	557	3,1	214	18	0,10	0,35	+
Zucker	0	0	100	0	1720	409	0,5	1	0	0	0	0
Fett/Öle												
Butter	1	83	1	0	3240	771	0,1	13	590	+	+	+
Margarine	1	80	1	0	3180	757	0,1	10	590	+	+	+
Halbfettmargarine	6	40	+	0	1620	385	–	–	–	–	–	–
Sonnenblumenöl	0	100	0	0	3880	923	0	0	4	0	0	0
Majonäse, 50 % Fett	1	52	5	0	2130	507	–	–	–	–	–	–

Zeichenerklärung: + = in Spuren; – = kann nicht bestimmt werden, da keine genaue Analyse vorliegt.

Obst- und Gemüsekalender

Obst- und Gemüsesorten	Jan.	Febr.	März	April	Mai	Juni	Juli	Aug.	Sept.	Okt.	Nov.	Dez.
Äpfel	●	●	●	●	○	○	○	○	●	●	●	●
Aprikosen					○	●	●	●	○			
Bananen	○	●	●	●	●	●	●	●	●	●	●	●
Birnen	○	○	○	○	○	○	○	●	●	●	●	●
Erdbeeren			○	○	●	●	●	○			○	○
Himbeeren						○	●	●	○			
Johannisbeeren						○	●	●				
Kirschen					○	●	●	○				
Kiwi	●	●	●	○	●	●	●	●	●	●	●	●
Orangen, Grapefruits	●	●	●	●	●	○	○	○	○	○	●	●
Pfirsiche				○	○	●	●	●	●	○	○	
Pflaumen, Zwetschgen					○	●	●	●	●	○		
Quitten									●	●	●	
Weintrauben	○	○	○	○	○	○	●	●	●	●	○	○
Zitronen	●	●	●	●	●	●	○	○	○	○	●	●
Ackersalat (Feldsalat)	○	○	○							●	●	●
Auberginen	○	○	○		●	●	●	●	○	○		
Blumenkohl	○	○	●	●	○	○	●	●	●	●	○	○
Bohnen grün				○	○	○	●	●	●	●	○	○
Broccoli		○	○	○				●	●	●	●	●
Chicorée	●	●	●	○						●	●	●
Endivien	●	●	●	○				●	●	●	●	●
Erbsen, grün				○	○	●	●	●				
Gurken	○	○	○	○	○	●	●	●	●	●	●	○
Kohlrabi			○	○	○	●	●	○	○	○		
Kopfsalat		○	○	●	●	●	●	●	●	●	○	○
Lauch (Porree)	○	○	○	○	○	○	○	●	●	●	●	●
Melonen					○	●	●	●	●	●	○	○
Möhren (gelbe Rüben)	●	●	●	○	○	●	●	●	●	●	●	●
Paprikaschoten	○	○	○	○	○	○	○	●	●	●	○	○
Rettiche	○	○	○	○	●	●	●	●	●	●	○	○
Rhabarber		○	○	●	●	○	○					
Rosenkohl	●	●	○	○						○	●	●
Rotkohl, Weißkohl	●	●	●	○	○	○	○	●	●	●	●	●
Sellerieknollen	●	●	●	○				○	●	●	●	●
Spargel			○	○	●	●						
Spinat		○	●	●	●	●	○	●	●	●	○	
Tomaten	○	○	○	○	○	○	●	●	●	○	○	○
Zucchini (Zucchetti)	○	○	○	○	●	●	○	●	○	○	○	○
Zwiebeln	●	●	●	●	●	○	○	●	●	●	●	●

● = starkes Angebot   ○ = geringeres Angebot, auch aus Gewächshausanbau   ▨ = aus heimischem Anbau

Glossar

Bedürfnis
Ein Bedürfnis ist das subjektive Empfinden eines Mangels. Es gibt Grundbedürfnisse (Nahrung, Kleidung, Wohnung usw.) und Luxusbedürfnisse (Handy, Videogerät, Mountainbike usw.). Hunger und Durst sind angeborene Trieb- oder Vitalbedürfnisse, die Befriedigung ist lebensnotwendig.

Büfett
Ästhetisch arrangierte kalte und/oder warme Speisen werden auf einem Tisch zur Selbstbedienung zusammengestellt.

Emulgieren
Beim Emulgieren werden zwei Flüssigkeiten vermischt, z. B. Wasser und Öl. Um ein stabiles Gemisch, z. B. Emulsion, zu erhalten benötigt man einen Emulgator.

Energiewert der Nährwertstoffe
Bis 1978 wurde die Wärmemenge, die bei der Verbrennung der drei Nährstoffe erzeugt wurde, in Kalorien angegeben. Heute heißt die internationale Messeinheit Joule.
(Umrechung: 1 Kilokalorie/kcal = 4,184 Kilojoule/kJ)
Energiewert der Nährstoffe (pro Gramm): Eiweiß und Kohlenhydrate liefern die gleiche Menge an Energie, Fett die doppelte Menge.
Fett: 38,9 kJ/9,3 kcal
Eiweiß: 17,2 kJ/4,1 kcal
Kohlenhydrate: 17,2 kJ/4,1 kcal

Ergonomie
Die Ergonomie ist ein Teilgebiet der Arbeitswissenschaft und betrifft die körpergerechte Gestaltung des Arbeitsplatzes.

Gentechnik
Bei der gentechnischen Methode werden die Gene, die Erbanlagen der Lebewesen, verändert.

Homogenisieren
Das Homogenisieren verhindert das Absetzen des Rahms. Dabei wird die Milch durch Düsen gepresst und die Fettkügelchen werden verkleinert. Im Handel angebotene Milch ist immer homogenisiert.

Lebensmittel
Lebensmittel sind „Mittel zum Leben". Sie liefern dem Körper Nährstoffe und eine Vielzahl von Wirkstoffen, die dafür sorgen, dass der menschliche Organismus reibungslos funktionieren kann.

Lezithin
Lezithin ist die Bezeichnung für eine fettähnliche Substanz. Lezithin reguliert die Durchlässigkeit der Zellwände im Körper und ist für den Stoffwechsel wichtig.

Lipoide
Lipoide sind fettähnliche Stoffe, wie z. B. Cholesterin und Lezithin.

Markt
Ein Markt ist ein Ort, an dem sich Käufer und Verkäufer treffen, um Waren gegen Geld zu tauschen.

Mediterrane Ernährung
Unter mediterraner Ernährung versteht man die Ernährungs- und Lebensweise der Menschen in den Ländern um das Mittelmeer. Getreideprodukte, Olivenöl, Obst und Gemüse, Fisch, Hülsenfrüchte kombiniert mit wenig Fleisch und Wein – das ist das Typische der mediterranen Ernährung.

Mindmap
Mindmapping ist eine Methode, Ideen zu finden und Gedanken festzuhalten. Dabei steht das Thema in der Mitte und die Ober- und Unterbegriffe werden zugeordnet (*mind* von engl. „Gedächtnis"; *map* von engl. „Landkarte").

Nährstoffe
Nährstoffe sind in den Lebensmitteln enthalten. Lebensmittel setzen sich aus Nährstoffen zusammen, die Energie liefern (Fett, Kohlenhydrate, Eiweiß), sowie aus Nährstoffen, die keine Energie liefern (Vitamine, Mineralstoffe, Wasser).

Nährstoffdichte
Lebensmittel mit hoher Nährstoffdichte haben viele Nährstoffe, z. B. Obst und Gemüse. Lebensmittel mit geringer Nährstoffdichte haben wenig Nährstoffe, z. B. Zucker und zuckerhaltige Süßwaren. Nur Lebensmittel mit hoher Nährstoffdichte sind wertvoll für die Gesundheit.

Naturbelassene Lebensmittel
Naturbelassene Lebensmittel sind vollwertig, da sie unverändert oder nur wenig verarbeitet sind: z. B. volles Getreidekorn, volles Reiskorn, Nüsse, Frischobst und Frischgemüse.

Ökologie/Umweltbewusstsein
Ökologie ist die Lehre von den Wechselbeziehungen zwischen den Lebewesen untereinander und mit ihrer unbelebten und belebten Umwelt.

Ökonomie/Wirtschaftlichkeit
Wirtschaftlichkeit bedeutet, inwieweit eine Tätigkeit dem ökonomischen Prinzip entspricht, d. h. ein angestrebtes Ziel mit dem geringstmöglichen Mitteleinsatz (Minimalprinzip) bzw. mit einem bestimmten Mitteleinsatz den größtmöglichen Erfolg (Maximalprinzip) zu erreichen.

Pasteurisieren
Der Begriff Pasteurisieren geht auf den französischen Chemiker und Biologen Louis Pasteur (1822–1895) zurück. Lebensmittel werden erhitzt, dabei werden krankheitserregende Keime abgetötet. Pasteurisieren wird insbesondere bei Milch angewendet. Es gibt zwei Verfahren: Hocherhitzung ist vier Sekunden bei 85 °C, Kurzzeiterhitzung ist 15–30 Sekunden auf ca. 75 °C.

Progressives Muskeltraining
Eine bewährte und leicht erlernbare Methode zur körperlichen Entspannung. Durch An- und Entspannung einzelner Muskelgruppen können Verspannungen eher erkannt und gelöst werden.

Psychohygiene
Psychohygiene ist die Lehre von der Erhaltung der seelischen Gesundheit.

Ritual
Im allgemeinen Sprachgebrauch versteht man unter dem Begriff Ritual eine regelmäßig stattfindende und gleich ablaufende Handlung. Jeder Kulturkreis unterscheidet religiöse und traditionelle Rituale.

Sekundäre Pflanzenstoffe
Sekundäre Pflanzenstoffe werden in geringen Mengen gebildet und erfüllen wichtige Aufgaben. Sekundäre Pflanzenstoffe sind z. B. Farbstoffe in Blüten, Wachstumsregulatoren, Farb- und Geschmacksstoffe in Früchten und Schutzstoffe vor Schädlingen und Krankheiten. Es gibt ca. 10 000 verschiedene sekundäre Pflanzenstoffe im Pflanzenbereich. Sie sind hitzeempfindlich, daher Gemüse schonend garen.

Tenside
Tenside haben hauptsächlich die Aufgabe, den Schmutz zu entfernen und die Oberflächenspannung des Wassers herabzusetzen. Sie werden Waschmitteln zugesetzt (waschaktive Substanzen).

Werbung
Werbung ist eine Maßnahme, die darauf abzielt, Waren bekannt zu machen und damit den Absatz der Waren zu steigern. Man unterscheidet zwischen informativer Werbung und suggestiver Werbung.

Rezeptverzeichnis

Alkoholfreie Bowle 137
Apfelmus 135
Apfelsalat 135
Apfelschlupfkuchen 136

Blitztomatensuppe 131
Bunter Kartoffelsalat 132
Buntes Kompott mit Vanilleeis 14

Dinkelschrotsuppe mit Möhren 131

Eierstich 94

Fischpfanne „international" 133
Fit-Getränk 137
Florida-Drink 64
Französische Lauchsuppe 44
Frucht- oder Gemüseschorle 137
Fruchtkaltschale (rot, gelb, grün) 95
Frucht-Muffins 23
Fruchtsaftschorle 23
Fruchtsalat des Monats 33
Fruchtspieße 57

Gefüllte Eier auf Salatblättern 31
Gelbe-Rüben-Rohkost 134
Gemüsepommes mit Zaziki 10
Griechischer Bauernsalat 69
Grüne Blattsalate 133
Gurkensalat 133
Gurkensoße 135

Hawaii-Apfel 116
Hotdog 21

Jogurtsalatsoße 134

Kartoffelgratin 60
Kartoffelsuppe 131
Käse-Wurst-Salat 12
Knusperriegel 25
Kräutersoße 135

Lahmacun 118

Makronen 137
Mexikanischer Reistopf 132
Milchmixgetränk 137
Minestrone 90
Müsli 136

Nudelpfanne 78

Obst mit Jogurtsoße 96
Obstkuchen 84
Obstmichel mit Quark 59
Obstschlupfkuchen 29

Päckchenpudding mit süßer Milchsoße 136
Paprikasalat 134
Party-Vollkornsemmeln 52
Pause-Power-Spieß 7
Pichelsteiner 132
Pikante Blätterteigtaschen 102
Pizzabrötchen 16
Pizzapuffer 105
Pizza-Toast 35
Putengeschnetzeltes mit Vollkornnudeln 132

Quarkdip 135
Quark-Frucht-Traum 9

Rahmsalatsoße 134
Reissalat 134

Sahnegrieß mit Erdbeeren 101
Salatsoße 134
Sandwich, individuell 96
Schalenkartoffeln 18
Schlemmerteller 55
Schokopudding aus der Mikrowelle 137
Schwäbische Käsespätzle 106
Schweizer Rüblitorte 86
Serbisch-kroatische Kartoffelsuppe 64
Sport-Drink 137
Suppe mit Hackfleischbällchen 131
Süße Milchsoße 136

Tomatensoße 135

Überbackener Kohlrabi mit Käsesoße 133

Vanilleäpfel 27
Vegetarischer Linseneintopf 132

Waffeln 136
Wildkräutersuppe 66

Zucchinisuppe mit Einlage 63

Stichwortverzeichnis

Ämterplan 44
Anrichten 91
Apfeldicksaft 95
Apfelqualität 125
Arbeitsplan 12 f., 97
Arbeitsplatzgestaltung 10, 11, 96
Arbeitstechniken 8, 87, 88, 89

Backen 6, 7, 16, 17, 23, 25, 29, 35, 42, 93
Backrohr 6, 17, 20, 21, 44
Ballaststoffe 52
Ballaststoffversorgung 52 f.
Bayerische Verfassung 32
Beheizungsarten 16
Bewertungsbogen 46, 98
Bindemittel 94, 95
Bioaktiver Schutz 75
Birnendicksaft 95
Bodenhaltung 30 f.
Buchführung 28, 43

Cholesterin 76

Dampfdrucktopf 18, 19, 93
Dämpfen 92
Dienstleistung 122
Domain 127
Dünsten 92

Eierqualität 29
Eierstempel 31
Eierstich 96
Eignungswert 125
Einkaufsquellen 38, 39
Eiweißbedarf 60 f.
Eiweißträger 58 f., 60 f.
Emulgieren 8, 141
Energie 141
Energiesparen 11, 15, 16, 17, 18, 22, 37
Energieverbrauch 11, 15, 16, 37
Energiewert 141
E-Nummern 27
Erkundungsbogen 113
Ernährungsbedürfnisse 72
Ernährungskreis 50
Erste Hilfe 104
Essgewohnheiten 48, 49
Esskultur 115
Etikett 26, 30, 126
Färbemittel 94
Farbstoffe 27
Feste 119

Fettbedarf 62
Fettreiche Lebensmittel 62, 76 f.
Fettsäuren 62, 76
Fettverarbeitung 105
Freilandhaltung 30 f.
Fruchtnektar 34
Fruchtsaft 34
Fruchtsaftgetränk 34

Garen in der Mikrowelle 93, 100
Garnieren 9, 116
Garverfahren 92 f.
Gebrauchsanweisung 101, 108
Gedeck 117
Gefahrensymbole 104
Gemeinschaft 97, 110
Genusswert 125
Geschmackstest 34
Gesprächsablauf 82
Gesundheitswert 125
Getreidekorn 53
Getreidesorten 52
Gewichtsklassen 9
Gewürze 66 f.
Gratinieren 60
Griffhöhe 40
Gruppenarbeit 98, 110, 111
Gruppenvertrag 11

Handelsklassen 27
Handrührgerät 101, 107
Herdreinigung 15
Herdschaltung 15
Honig 74
Hygiene 6, 70, 71

Interaktives Programm 126
Interview 46

Joule 141
Julienne 10

Kalorien 141
Kaltgepresst 77
Keimlinge 60
Kilojoule 141
Kilokalorie 141
Kinderbetreuung 112
Kindergartenkind 112 f.
Knigge 120
Kochen 92
Kochstelle 14
Kohlenhydratbedarf 52 f., 74

Kohlenhydrate 52 f.
Konflikte 110 f.
Körpereiweiß 61
Kräuter 66 f.
Küche 6 f.

Lebensgewohnheiten 48 f.
Lebensmittel 50
Lebensmittelgesetz 26
Lebensmittelgruppen 50
Lebensmittelkennzeichnung 26 f.
Lezithin 58, 141
Limonade 34

Margarine 77
Markt 27, 38, 141
Mechanische Geräte 101
Mediterrane Küche 52, 55, 61, 62, 68 f., 78
Messen 87
Mikrowelle 37, 100
Mikrowellengeschirr 100
Mindesthaltbarkeitsdatum 26, 30
Mineralstoffbedarf 54
Mineralstoffe 54, 58
Mischen 89
Müll 22

Nährstoffe 50, 89
Nahrungseiweiß 61
Nationalgerichte 119

Ökonomisches Arbeiten 13
Ökoputzschrank 21
Öle 76, 77
Online-Einkauf 39

Pflanzenöle 68, 76 f.
Portionieren 91
Pro-Contra-Diskussion 45 f., 111
Progressives Muskeltraining 73, 141
Projektdurchführung 125
Projektskizze 122, 124
Protein 60

Qualitätsmerkmale 34, 45, 125

Regional 27, 32 f., 68, 84
Reinigungsmittel 5, 17, 20 f.
Rühren 89
Rüstzeit 12 f.

Saisonal 28, 33, 68, 84
Salmonellen 71
Schälen 10, 88, 89

Schuldenlast 42
Schulküche 6
Schwimmtest 30
Sekundäre Pflanzenstoffe 57, 75, 142
Sensorische Prüftechniken 34 f., 45, 84 f.
Servieren 115
Sicherheitszeichen 100, 108
Sichtbare Fette 62
Sichthöhe 40
Software 126 f.
Sondermüll 23
Sonnenblumenöl 62, 77
Speisestärke 95
Spiele 80 f. 113, 122
Spülen 8 f., 102 f.
Spülmaschine 102
Spurenelemente 54, 56, 58
Strichkode 26
Suchmaschine 127
Süßungsmittel 95

Tagesprotokoll 51, 79
Tätigkeitszeit 12, 13
Teamarbeit 6, 44, 98
Tischdecken 117
Tischkultur 114 f., 117, 120
Tischmanieren 114 f., 118, 120
Topfauswahl 15, 37
Typenschild 101

Umgangsformen 97
Umweltschutz 6, 8, 20 f., 27, 32
Unfallursachen 19, 104 ff.
Unterheben 86, 96

Verkaufspsychologen 40 f.
Verkaufsstrategien 40 f.
Versteckte Fette 62
Vitamine 54, 56 f., 62, 86
Vitaminerhalt 90
Vollwertig 50

Wartezeit 12 f.
Waschen 88
Waschmaschine 102 f.
Wasser 36, 37, 64, 90
Wasserhaushalt 65
Wasserverbrauch 8, 36 f.
Werbung 41
Wiegen 87
World Wide Web 127

Zerkleinern 89
Zutatenliste 26 f.

Bildquellenverzeichnis

S. 2: Stockfood, München © Peter Rees; S. 3: Mauritius, Mittenwald (Pöhlmann); S. 5: © Salvador Dalí, Fundació Gala-Salvador Dalí/VG Bild-Kunst, Bonn 2008/Artothek, Weilheim; S. 6: H. Schindlbeck, Regensburg; S. 7: H. Wöhl, Ampfing; S. 9, 10: Stockfood, München; S. 11: H. Schindlbeck; S. 12: Fotostudio Teubner, Füssen; S. 14.1: Stockfood; S. 14.2: Elektromarkt, Hagen; S. 14.3, 4: Siemens Elektrogeräte, München; S. 16: H. Wöhl; S. 17: Siemens Elektrogeräte; S. 18.1: Silit-Werke, Riedlingen; S. 18.2: Fotostudio Teubner; S. 19.1: Barbara Stenzel, München; S. 19.2–19.4: Silit-Werke; S. 21: Barbara Stenzel, München; S. 22.1: Ilona Backhaus/OKAPIA; S. 22.2: Landesbildstelle Baden, Karlsruhe; S. 22.3: Globus-Infografik GmbH, Hamburg; S. 23: Report Bilderdienst, München; S. 24: Corbis © Jeff Zaruba; S. 25: Stockfood © Martina Urban; S. 26: CMA, Bonn; S. 27: Fotostudio Teubner; S. 29: Stockfood © Studio R. Schmitz; S. 30.1: Mauritius (Albinger); S. 30.2: Agrar Service, Schmalfeld (N. Cattlin); S. 31: Stockfood © Michael Brauner; S. 32: MEV, Augsburg; S. 33.1: MEV, Augsburg; S. 33.2: vario-press © Hans-Guenther Oed; S. 33.3–4: MEV; S. 35: Fotostudio Teubner; S. 38.1: Schapowalow (Niehuus); S. 38.2: Werner Otto, Oberhausen; S. 38.3: Stockfood © Gerhard Bumann; S. 38.4: Mauritius (Grasser); S. 39.1: artur © Erika Koch; S. 39.2: Keystone Pressedienst, Hamburg; S. 39.3: MEV (Susanne Holzmann); S. 39.4: www.gemuesekiste.de S. 42: Globus-Infografik GmbH; S. 44: Stockfood; S. 47: MEV; S. 48: Pressefoto Michael Seifert, Hannover; S. 50: AID Infodienst, Bonn; S. 52: Stockfood (Kaktusfactory, Ninprapha Lippert); S. 53.1: Barbara Stenzel; S. 53.2: J. Schmidt-Thomé, München; S. 54.1: Fotostudio Teubner; S. 54.2: MEV; S. 54.3: R. Schäferhoff, München; S. 55: Stockfood; S. 56: Mauritius (Pöhlmann); S. 57: Stockfood © Frank Croes; S. 58: Stockfood © Ellen Liebermann; S. 59, 60.1: Fotostudio Teubner; S. 60.2: D. Harms/WILDLIFE; S. 60.3, 4: Barbara Stenzel; S. 62.1, 3: AID Infodienst, Bonn; S. 62.2: J. Schmidt-Thomé; S. 62.4: Fotostudio Teubner; S. 63: Stockfood; S. 64.1: Aid Infodienst, Bonn; S. 64.2: Stockfood © Uwe Bender; S. 64.3: Stockfood © Innerhofer Photodes; S. 66, 67, 68.1: Fotostudio Teubner; S. 68.2: L. Koch, München; S. 69: FoodFoto Köln/www.stockfood.com; S. 70.1–3: H. Schindlbeck; S. 71.1: Barbara Stenzel; S. 71.2–3: H. Schindlbeck; S. 71.4: M. Schmid, Schwäbisch Gmünd; S. 72.1: F1 online (Widmann); S. 72.2: Mauritius (Phototheque SDP); S. 72.3: MEV; S. 72.4: Caro (Teich); S. 73: Bilderbox, Thening/Österr.; S. 74, 75, 76: AID Infodienst; S. 77.1: MEV; S. 77.2: Stockfood © Christian Michel; S. 77.3: Mauritius (Rossenbach); S. 78: Stockfood; S. 83: Fotostudio Teubner; S. 84: Stockfood ©Walter Cimbal; S. 86: Sigloch Edition, Künzelsau; S. 87–89: M. Schmid, Schwäbisch Gmünd; S. 90: Fotostudio Teubner; S. 91: Rosenthal AG, Selb; S. 94: E. Fink, München; S. 95: Fotostudio Teubner; S. 96: Stockfood ©Peter Rees; S. 99: Museen der Stadt Nürnberg; S. 100: Siemens Elektrogeräte; S. 101: Stockfood; S. 102.1: Fotostudio Teubner; S. 102.3: Siemens Elektrogeräte; S. 104.2: Dietmar Schell, München; S. 104.3: M. Schmid, Schwäbisch Gmünd; S. 104.4, 5: Barbara Stenzel, München; S. 104.6: M. Schmid; S. 105: Fotostudio Teubner; S. 106: Sigloch Edition; S. 107: Braun, Kronberg/Taunus; S. 108.1: Stockfood © Uwe Bender; S. 109.2: Petra-electric, Peter Hohlfeldt GmbH, Burgau; S. 109: Minkus; S. 112.1: Pressefoto Michael Seifert; S. 112.2: Mauritius; S. 113: S. Reinhardt, München; S. 114: H. Schindlbeck; S. 115.1: J. Schmidt-Thomé; S. 115.2: Barbara Stenzel; S. 116.1: Mauritius; S. 116.2: Wdv Gesellschaft für Medien & Kommunikation, Frankfurt/M; S. 116.3: Mauritius (U. Kerth); S. 116.4: Mauritius; S. 117, 118: Sigloch Edition; S. 120.1: Globus-Infografik GmbH; S. 120.2: Bremer Landesmuseum für Kunst und Kulturgeschichte, Bremen; S. 121: Corbis© Hermann/Starke; S. 125: J. Schmidt-Thomé; U2/U3: M. Schmid/B. Ordner, Schwäbisch Gmünd;

Trotz entsprechender Bemühungen ist es nicht in allen Fällen gelungen, den Rechteinhaber ausfindig zu machen. Gegen Nachweis der Rechte zahlt der Verlag für die Abdruckerlaubnis die gesetzlich geschuldete Vergütung.

Der deutsche Philosoph Arthur Schopenhauer wurde 1788 in Danzig geboren und starb 1860 in Frankfurt/Main. Allgemein bekannt ist er vor allem für seine „Aphorismen zur Lebensweisheit"(1851).

Das Papier ist aus chlorfrei gebleichtem Zellstoff hergestellt, ist säurefrei und recyclingfähig.

© 2005 Oldenbourg Schulbuchverlag GmbH, München
www.oldenbourg-bsv.de

Das Werk und seine Teile sind urheberrechtlich geschützt. Jede Nutzung in anderen als den gesetzlich zugelassenen Fällen bedarf der vorherigen schriftlichen Einwilligung des Verlages. Hinweis zu § 52 a UrhG: Weder das Werk noch seine Teile dürfen ohne eine solche Einwilligung eingescannt und in ein Netzwerk eingestellt werden. Dies gilt auch für Intranets von Schulen und sonstigen Bildungseinrichtungen.
Der Verlag übernimmt für die Inhalte, die Sicherheit und die Gebührenfreiheit der in diesem Werk genannten externen Links keine Verantwortung. Der Verlag schließt seine Haftung für Schäden aller Art aus. Ebenso kann der Verlag keine Gewähr für Veränderungen eines Internetlinks übernehmen.

1. Auflage 2005 R06

Druck 12 11 10 09 08
Die letzte Zahl bezeichnet das Jahr des Drucks.
Alle Drucke dieser Auflage sind untereinander unverändert
und im Unterricht nebeneinander verwendbar.

Umschlagkonzept: Mendell & Oberer, München
Umschlag: Lutz Siebert-Wendt
Lektorat: Elisabeth Dorner, Berlin
Herstellung und Layout: Stefanie Bruttel
Illustrationen: Stefan Baumann, Beate Brömse, Rita Mühlbauer, Klaus Puth, Axel Weiß, Detlef Seidensticker
Satz: Verlagsservice Dr. Helmut Neuberger & Karl Schaumann GmbH, Heimstetten
Reproduktion: Oldenbourg:digital, Kirchheim
Druck: J. P. Himmer GmbH & Co KG, Augsburg

ISBN 978-3-486-00020-7
ISBN 978-3-637-00020-9 (ab 1.1.2009)